北 京
Beijing

中国民族摄影艺术出版社

前言

北京，是中华人民共和国首都，是全国政治、文化和旅游中心。北京，充满东方色彩。那红墙黄瓦的巍峨宫殿，那浓荫覆盖的四合院，那淳朴、好客的北京人及令人垂涎的美馔佳肴，无不展示着她的古老、深邃、迷人的风貌。

北京，历史文化悠久。有着三千多年建城、八百多年的建都历史。那五十多万年前已在这里繁衍生息的"北京猿人"；那有五百七十多年历史、施政临朝过24位皇帝、世界现存最大的古代宫殿建筑群故宫；建筑布局、结构和装饰，在中国建筑史上有着重要地位的天坛，无不引发着对她的博大、独特、神秘的幽思。

北京，四季风光温馨宜人。那飘荡着和煦春风的玉兰花香、遍地百花竞放的天安门广场；那夏日有着秀山丽水、现存古代最美的皇家园林颐和园；那黄栌披红、"霜叶红于二月花"的香山秋色；那冬季银装素裹宛若苍龙绵延于八达岭的万里长城，无不流溢着她的美丽、华贵、多姿的神韵。

北京，月月都有情趣横生的民俗风情活动。那古老而又焕发出无限活力的购物中心王府井大街；那除夕夜，在大钟寺内响起的带给千家万户吉祥的钟声；那热闹非凡、抬头就是小吃、杂技，还有威风凛凛的狮舞、耍龙灯的庙会；那唱念作打兼备、服饰华丽而表演艺术又令人叹为观止的京剧，无不使人感受到她的文明、亲切和"花"样的芳香。

长城、颐和园、故宫、天坛、周口店北京猿人遗址，被联合国教科文组织列为世界文化遗产。

新世纪，新北京，正踏着前所未有的步履，沿着历史的轨迹，向着更加多彩的明天迈进。

新世纪，新北京，正以自己特有的韵味、醉人的微笑，等待着中外佳宾的莅临。

Preface

Beijing, capital of the People's Republic of China, is the political, cultural and tourist center of the country. It is full of oriental color. The magnificent imperial palace with red walls and yellow tiles; the walled courtyard full of shady trees and the simple and hospitable Beijing people, and their delicious food, all show the city's old and charming features.

Beijing is a city with deep-rooted cultural traditions. It has a history of more than 3,000 years, and has been the national capital for some 800 of these. Some half a million years ago, Peking Man lived in Zhoukoudian. The Palace Museum, with its ancient architecture and a history of more than 570 years of the 24 emperors who lived and reigned there; the Temple of Heaven, the structure of which holds an important position in the history of the Chinese architecture, have all aroused people's imagination concerning its uniqueness and mystery.

The scenery throughout the four seasons in Beijing is pleasant. Tian'anmen Square in spring; the enchanting mountains and waters in the imperial park of the Summer Palace; the Fragrant Hills covered with red leaves in autumn; and the Great Wall covered by snow in winter all show their beautiful and colorful scenes.

Beijing teems with interesting customs and local flavor. There is the shopping center of Wangfujing Street. The sound of the bell from the Big Bell Temple brings prosperity and auspicious to thousands of households. The temple fairs are full of snacks, acrobatics, lion dances and dragon lantern performances. Peking Opera features colorful costumes and unique performing skills.

The United Nations has listed the Great Wall, the Summer Palace, the Palace Museum, the Temple of Heaven and the Site of Peking Man in Zhoukoudian as parts of the world's cultural heritage.

Now, it is a new century and a new Beijing is marching towards tomorrow along the well worn historical tracks with unprecedented steps.

The new Beijing of the new century is warmly welcoming guests both from home and abroad.

前書

中華人民共和国の首都北京は、全国の政治、文化と観光中心である。オリエント色の濃い北京で、赤い壁と黄色い瓦に覆われた宮殿、純朴で客好きな北京っ子が住む、緑樹の陰に落とされた四合院（四角形の庭を囲んで四棟の建物で構成された北京地方の標準的住宅）を観光するほか、美味しい中華料理をほおばることもできる。古めかしく、静謐で魅惑の北京。

北京は悠久たる歴史・文化を持つ。3000年余りの都市、800年以上の都としての歴史を擁する。そこに、50万年前にすでにここで生活していた「北京原人」の遺跡がある。また、570年にわたって24世代の皇帝が政務を司った、世界では現存する最大の古代宮殿建築群、ユニークな建築構造で中国の建築史上に重要な地位を具える天壇が聳え立っており、いずれもその雄大な規模、独特なスタイルで人々を惹きつけている。

四季折々の北京。春うららかな天安門広場、皇帝の夏の避暑地だった頤和園、秋の紅葉でよく知られた香山、雪景色の美しい長城などは華やかで美しい北京絵巻を描き出している。

北京には、月ごとに面白い民間行事が行われる。生気はつらつとしたショッピングセンター王府井大街は毎日大勢の人々を惹きつけ、大晦日の夜に大鐘寺から響き渡る鐘声は正月の始まりを告げる。お正月に、露天の屋台がいっぱい並べられ、サーカス、獅子舞い、龍灯の見物で混む縁日は実に賑やかだ。色鮮やかな衣装で演技に凝る京劇は、北京の文明をアピールしている。

長城、頤和園、故宮、天壇、周口店北京原人遺跡は、すでに国連に世界遺産に指定された。

ニューミレニアムを迎えた北京は、自らの魅力と行き届いたサービスで内外の観光客を歓迎している。

Avant-propos

Beijing est la capitale de la République populaire de Chine et le centre politique, culturel et touristique de la Chine. Elle est une ville à la teinte orientale. Ses palais majestueux aux murs pourpres et aux tuiles vernissées jaunes, ses maisons résidentielles avec une cour intérieure ombragée, ses habitants au caractère simple et hospitalier, ses mets exquis..., tous témoignent de son aspect ancien, imposant et charmant.

Beijing est dotée d'une civilisation ancienne brillante. La fondation de cette ville remonte à plus de 3 000 ans et pendant 800 ans, elle fut la capitale de plusieurs dynasties. L'Homme de Beijing qui y vécut il y a 500 000 ans, la Cité interdite — le plus grand ensemble palatial ancien du monde où 24 empereurs gouvernèrent l'Etat pendant quelque 570 ans — et le Temple du Ciel dont les édifices occupent une importante place pour leurs structures ingénieuses dans l'histoire de l'architecture chinoise donnent tous matière à réflexion sur l'immensité de son histoire, l'originalité de son architecture et les secrets qu'elle recèle.

Beijing offre des paysages enchanteurs pendant toutes les saisons de l'année. La place Tian An Men où souffle la brise printanière, le Palais d'Eté—jardin impérial où les collines et le vaste plan d'eau paraissent particulièrement attrayants en été, les paysages automnaux des Collines parfumées caractérisés par les fustets au feuillage empourpré et la Grande Muraille recouverte de neige en hiver révèlent tous ses charmes exceptionnels.

Tous les mois, on assiste à Beijing à des manifestations folkloriques pleines d'intérêt. La rue commerçante Wangfujing où règne une grande animation, les tintements de la cloche du temple de la Grande Cloche à la veille du Nouvel An, signe de bon augure pour toutes les familles, les fêtes foraines caractérisées par une profusion de produits et toutes sortes d'amuse-gueules, animées par les lanternes lumineuses, des spectacles d'acrobatie et des danses d'homme-lion, et l'Opéra de Pékin apprécié surtout pour ses costumes fascinants, ses chants mélodieux et son jeu gracieux font respirer sa glorieuse tradition culturelle et son ambiance aussi agréable que le parfum suave d'une fleur.

La Grande Muraille, le Palais d'Eté, le Palais impérial, le Temple du Ciel et le site de l'Homme de Pékin à Zhoukoudian ont été inscrits sur la Liste du Patrimoine mondial par l'UNESCO.

En ce nouveau siècle, un nouveau Beijing avance, suivant le courant de l'histoire et à un rythme accéléré, vers un avenir encore plus radieux.

En ce nouveau siècle, un nouveau Beijing, riant et au charme captivant, ouvre ses bras à tous.

Vorwort

Beijing, Hauptstadt der Volksrepublik China, ist das politische, Kultur- und Tourismuszentrum des ganzen Landes. Sie ist eine alte und schöne Stadtt. Hier gibt es alte prachtvolle Paläste, typische Beijing-Wohnhöfe *Siheyuan*, ehrliche und gastfreundliche Beijinger, gut schmeckende Beijing-Küche ....

Beijing hat eine lange Geschichte. Als Stadt ist sie schon über 3000 Jahre alt und als Hauptstadt über 800 Jahre alt. Früh vor 500 000 Jahren lebten hier die „Pekingmenschen". Der Kaiserpalast, mehr als 570 Jahre alt, ist in der Welt der größte Gebäudekomplex aus alter Zeit. Der Himmelstempel, der in der chinesischen Baugeschichte einen wichtigen Platz einnimmt, ist mehr als 500 Jahre alt.

In Beijing gibt es schöne Landschaftsszenen der vier Jahreszeiten. Im Frühling herrschen auf dem Tiananmen-Platz warmes Sonnenschein und milder Wind; im Sommer sind im Sommerpalast grüne Berge und klares Wasser zu sehen; im Herbst wind der Berg Xiangshan völlig mit roten Baumblättern bedeckt und im Winter sieht die mit Schnee bedeckten Großen Mauer sehr schön aus.

Beijing hat eigenartige Sitten und Gebräuche. Die Wangfujing-Straße ist das Einkaufszentrum Beijings; die Beijing-Oper is bezaubernd; die Beijing-Imbisse sind landesweit bekannt; die Tempelmärkte, die während der Frülingsfesttage stattgefunden werden, sind für Beijinger gute Einkauf- und Vergnügungsorte ...

Die Großen Mauer, der Sommerpalast, der Kaiserpalast, der Himmelstempel und Zhoukoudian-Ruine des Lebensortes von „Pekingmenschen" haben von der UNO auf die „Liste des Weltkulturerbes" aufgenommen werden.

Das neue Jahrhundert und die neue Beijing werden einen schönen Morgen haben.

Das neue Jahrhundert und die neue Beijing warten lächelnd auf den Besuch in- und ausländischer Gäste.

Introducción

Beijing es la capital de la República Popular China y también el centro político, cultural y turístico de todo el país. Presenta una fisonomía tan antigua y encantadora que da un fuerte sabor oriental, con sus palacios de murallas rojas y tejado vitrificado de amarillo, sus patios cuadrangulares rodeados por frondosos árboles, y los habitantes sencillos y hospitalarios, así como sus viandas deliciosas.

Beijing cuenta con una larga historia. La aparición de la ciudad se remonta a más de 3.000 años atrás y la constitución de la capital a unos 800 años. Hace aproximadamente 500.000 años, el Hombre de Pekín ya vivía aquí. En Beijing, se encuentra el Palacio Imperial con 570 años de antigüedad, en el cual vivieron y trataron asuntos estatales 24 emperadores de las dinastías Ming y Qing. Es este Palacio el conjunto arquitectónico de tipo palaciego más grande que existe en el mundo. El Templo del Cielo ocupa un puesto eminente en la historia de arquitectura china por su especial estructura arquitectónica. Contemplándolo, uno queda inevitablemente impresionado por su grandeza, su particularidad y su misterio que le comunica.

En las cuatro estaciones del año, Beijing ofrece muy hermosos paisajes. En primavera, en la Plaza Tian'anmen soplan brisas suaves. En verano, en el Palacio de Verano— parque imperial– se aprecian colinas verdes y aguas límpidas. En otoño, en la Colina Perfumada las hojas de fustetes lucen un color rojo encendido. Y en pleno invierno, la Gran Muralla aparece plateada de nieve , dando a conocer mejor su gran belleza, su altivez y su encanto romántico.

En Beijing, todos los meses del año se tiene oportunidad de conocer la gracia de un especial folklore. La calle Wangfujing, arterica comercial, se manifiesta siempre dinámica. En la Noche Vieja, el Templo Dazhong (Gran Campana) envía el sonido de su campana que simboliza buen agüero a todos los hogares de Beijing. Las romerías son verdaderamente animadas. En ellas, uno no solamente puede saborear deliciosos bocadillos, presenciar juegos acrobáticos y la danza del león, sino también contemplar linternas de dragón. Y la Opera de Pekín, que se distingue por su vestimenta y adornos suntuosos, permite conocer lo rica y profunda que es ella.

La Gran Muralla, el Palacio de Verano, el Palacio Imperial, el Templo del Cielo, Zhoukoudian (Hogar del Hombre de Pekín) han sido incluidos ya por la UNESCO del ONU en la Lista de los Patrimonios Culturales del Mundo.

En este nuevo siglo, Beijing está marchando a pasos gigantescos nunca vistos antes hacia un futuro más luminoso.

Beijing, ciudad encantadora está lista para recibir con su sonrisa a los distinguidos huéspedes nacionales y extranjeros que vengan a visitarla.

Premessa

Beijing è la capitale della Repubblica popolare cinese e il suo centro politico, economico e culturale. Il carattere di antica e misteriosa città orientale si manifesta nei maestosi palazzi imperiali dai muri rossi e dalle tegole gialle smaltate, nei vicoli e siheyuan (tipiche case basse costruite attorno a un cortile quadrato) immersi nel verde, negli abitanti dal carattere semplice e ospitale e nelle tipiche specialità culinarie.

Beijing vanta una lunga storia. La fondazione della città risale a circa tremila anni fa. Negli ultimi 800 anni, è stata capitale di varie dinastie. Il Museo che custodisce i resti dell'Uomo di Pechino (vissuto circa 500.000 anni fa), il Palazzo imperiale, il più grande complesso classico cinese nel mondo, dove si sono succeduti 24 imperatori delle dinastie Ming e Qing nell'arco di 570 anni e il Tempio del Cielo, il più vasto complesso del genere in Cina occupano un posto eminente storia dell'architettura cinese.

A Beijing, le quattro stagioni si succedono creando paesaggi diversi e affascinanti: in primavera si può passeggiare sulla piazza Tian'anmen rinfrescati da un dolce zefiro; il Palazzo d'Estate con le sue colline coperte di verde e il lago è il luogo ideale per sfuggire all'afa estiva; in autunno, le foglie degli aceri tingono di rosso il Parco delle Colline Profumate; in inverno, le nevi che imbiancano la Grande Muraglia aggiungono una suggestione in più al già magnifico spettacolo.

Beijing organizza feste o festival tutti i mesi. Wangfujing, la via commerciale piena di vitalità, la campana della Torre della Campana , suonata alla vigilia della Festa della Primavera, la Fiera del Tempio, dove si possono assaggiare i caratteristici spuntini locali, ammirare rappresentazioni acrobatiche, la danza dei leoni e le lampade-drago, l'Opera di Pechino con gli eleganti costumi, esprimono tutti la sua civiltà e cordialità.

La Grande Muraglia, il Palazzo d'Estate, la Città Proibita, il Tempio del Cielo e il Museo dell'Uomo di Pechino sono inseriti nell'elenco dei patrimoni culturali mondiali dell'UNESCO.

Nel nuovo secolo, la nuova Beijing, seguendo le tracce della storia, va incontro a un domani multicolore con un passo che non ha precedenti nella sua storia.

Nel nuovo secolo, la nuova Beijing aspetta con un sorriso l'arrivo degli amici vicini e lontani.

머리말

북경은 중화인민공화국의 수도로서 전국의 정치· 문화 및 관광 중심이며 또한 동방 색채가 뚜렷한 도시이다. 붉은 담벽에 황금빛 기와를 이고 있는 으리으리한 궁전이며 녹음으로 뒤덮인 사합원(四合院), 순박하고 친절한 북경 시민이며 보기만 해도 군침이 도는 명요리 등은 모두가 북경의 유구하고 심원하며 매력적인 풍모를 보여준다.

북경은 역사 문화가 유구하여 3000년의 도시건설 역사와 800년의 도읍 역사를 기록하고 있다. 50여만년 전에 이미 이곳에서 살아온 "북경원인" 유적이며 24명의 황세가 570여년간 정시를 보아왔던 세계 최대 규모의 고대 궁전 건축군인 고궁과 건축구조가 중국 건축사에서 중요한 자리를 차지하는 천단 등은 모두가 방대하고 독특하며 신비로운 그 기상에 대해 깊이 생각하지 않을 수 없게 한다.

북경은 사시장철 풍광이 수려하고 환경이 쾌적하다. 화창한 봄날의 천안문광장이며 수려한 산수로 단장된 여름철의 이화원, 단풍으로 곱게 물든 가을의 향산이며 흰 눈으로 뒤덮인 겨울의 만리장성 등은 모두가 북경의 아름답고 화려하며 다채로운 신운을 자아낸다.

북경은 거의 달마다 다채로운 민속행사로 활기를 띤다. 무한한 활력으로 들끓는 쇼핑센터 왕부정대가며 매년 섣달 그믐날 밤 천만가구 시민들에게 행운을 불러다 주는 대종사의 종소리, 곳곳에 간식가게· 서커스· 사자춤· 연등놀이 등 먹거리와 볼거리로 가득찬 묘회(廟會)며 복식이 화려하고 연기 또한 희한하여 감탄을 자아내는 경극(북경오페라) 등은 모두가 북경의 문명과 친절성, 그리고 "꽃"과 같은 항기를 감수케 한다.

장성· 이화원· 고궁· 천단· 주구점의 북경원인유적은 유네스코가 선정한 세계문화유산에 수록되었다.

신세기, 신북경은 전례 없는 템포로 역사의 궤적을 따라 보다 다채로운 내일을 향해 매진하고 있다.

신세기, 신북경은 독특한 운치와 친절한 미소로 국내외 귀빈들을 환영하고 있다.

天安门广场

　　天安门广场是当今世界上最大的广场。广场东侧为中国历史博物馆、中国革命博物馆，西侧是人民大会堂。

　　1949年10月1日，开国大典在天安门广场隆重举行。此后，在这里举行过多次庆典和阅兵式。

Tian'anmen Square

Tian'anmen Square is the largest square in the world. The Museum of Chinese History and the Museum of Chinese Revolution are erected on the eastern side and the Great Hall of the People on the western side.

Many celebrations and military reviews are held here.

天安門広場

　　天安門広場は世界では最も大きい広場である。広場の東側には中国歴史博物館、中国革命博物館、西側は人民大会堂がある。

　　ここで、何回も国家の式典と閲兵式が行われた。

La place Tian An Men

La place Tian An Men est actuellement la plus vaste place au monde. Elle est flanquée du Musée d'histoire de Chine et du Musée de la Révolution chinoise à l'est et du Grand Palais du Peuple à l'ouest.

Elle a accueilli à maintes reprises les cérémonies de célébration et les passages en revue des forces armées.

Tiananmen-Platz

Tiananmen-Platz ist heute der größte Platz der Welt. Am Ostrand des Platzes liegen die Museen der Chinesischen Geschichte und der Chinesischen Revolution, am Westrand die Volkskongreßhalle. Hier wurden mehrmal große Festveranstaltungen und militärische Festparaden abgehalten.

La Plaza Tian'anmen

Es hasta la fecha más vasta del mundo. En su lado este se encuentran el Museo de la Revolución China y el Museo de la Historia de China, y en su lado oeste, el Gran Palacio del Pueblo. Esta Plaza, se han organizado muchas celebraciones y revistas militares.

Piazza Tian'anmen

La Tian'anmen è la più grande piazza del mondo. Il museo della Storia e della Rivoluzione cinesi e il Palazzo dell'Assemblea popolare nazionale sono situati rispettivamente ai lati orientali e occidentali della Piazza, il luogo è stato spesso teatro di grandi dimostrazioni, manifestazioni di massa, parate e celebrazioni.

천안문광장

세계적으로 현존 최대의 광장이다. 광장의 동쪽에는 중국역사박물관과 중국혁명박물관이 있고 광장의 서쪽에는 인민대회당이 있다.

이 곳에서는 수차의 성대한 경축대회와 열병식이 거행되었다.

①中国历史博物馆・中国革命博物馆
The Museum of Chinese History. The Museum of Chinese Revolution
中国歷史博物・中国革命博物館
Le Musée d'histoire de Chine / Le Musée de la Révolution chinoise
Die Museen der Chinesischen Geschichte und der Chinesischen Revolution
Museo de Historia China / Museo de la Revolución China
Museo della Storia e della Rivoluzione cinesi
중국역사박물관・중국혁명박물관

②人民大会堂
Great Hall of the People
人民大会堂
Le Grand Palais du Peuple
Die Volkskongreßhalle
Gran Palacio del Pueblo
Palazzo dell'Assemblea popolare nazionale
인민대회당

① 人民英雄纪念碑
  Monument to the People's Heroes
  人民英雄記念碑
  Le Monument aux héros du peuple
  Das Denkmal der Volkshelden
  Monumento a los Héroes del Pueblo
  Monumento agli Eroi del popolo
  인민영웅기념비

② 毛主席纪念堂
  Chairman Mao Memorial Hall
  毛主席紀念堂
  Le Mémorial du président Mao
  Die Gedenkhalle des Vorsitzenden Mao
  El Mausoleo del Presidente Mao
  Mausoleo di Mao Zedong
  모주석기념당

③ 前门箭楼
  Archery watchtower over the
  Qian Gate
  前門箭楼
  La Tour des archers de la porte
  Qianmen
  Der Wachturm mit Schießscharten in
  Qianmen
  Torre der fotificación de Qianmen
  Qianmen (Porta anteriore)
  전문전루

故宫

故宫,位于北京市中心,又称紫禁城,是明、清两代帝王处理朝政和居住的皇宫,是世界上现存规模最大、最完整的古代木结构建筑群。始建于明永乐四年（1406）。有二十四位皇帝相继在此登基。

故宫面积达72万平方米,有殿宇楼阁8707间。红色宫墙外环绕着护城河。最有名的建筑是太和殿。1987年故宫被联合国教科文组织列为世界文化遗产。

The Palace Museum

The Palace Museum is located in the middle of Beijing and is the former palace of the emperors of the Ming and Qing dynasties. It is the largest and best-preserved group of ancient wooden architecture in the world. First built in 1406 in the fourth year of Emperor Yongle, it is the place where 24 emperors were enthroned.

Occupying an area of 720,000 square meters, the Palace Museum has 8,707 rooms. In 1987, the UNESCO listed the Palace Museum as part of world cultural heritage.

故宫

故宫は、北京市の中心にある。明・清時代に皇帝が政務を司り、居住していた宮殿であった。世界では、現存する最も規模が大きく、最も完璧な形で保存された古代の木造建築群である。明の永楽四年（1406）に建て始めた。24世代の皇帝がここで帝位に即した。

故宫の面積は72万㎡と広い。8707軒の殿堂、楼閣がある。1987年に国連ユネスコに世界文化遺産に指定された。

Le Palais impérial

Situé au centre de la ville de Beijing, le Palais impérial était l'endroit où les empereurs des dynasties des Ming et des Qing vécurent et traitèrent des affaires d'Etat. Sa construction débuta en l'an 4 du règne Yongle de la dynastie des Ming (1406) et 24 empereurs y montèrent sur le trône. Il est maintenant le plus vaste et le mieux conservé des ensembles architecturaux anciens en structure de bois au monde.

Le Palais impérial couvre 720 000 m² et comprend 8 707 pièces. En 1987, il a été inscrit sur la Liste du Patrimoine mondial par l'UNESCO.

Kaiserpalast

Der Kaiserpalast im Zentrum des Stadtgebiets Von Beijing, in dem insgesamt 24 Ming- und Qing-Kaiser die staatliche Angelegenheiten erledigten und wohnten, ist heute in der Welt der größte und in gutem Zustand erhaltene Gebäudekomplex aus Holz. Die Bauarbeit begann im Jahr 1406.

Der Kaiserpalast nimmt eine Fläche von 720 000 Quadratmetern ein, besteht aus 8707 Hallen- und Palasträumen. 1987 wurde er von der UNO auf die Liste des Weltkulturerbes aufgenommen.

El Palacio Imperial

Situado en el centro de la ciudad de Beijing, es el complejo de antiguos edificios de estructura de madera más grandioso y mejor conservado que existe en el mundo. Fue un lugar donde vivían y trataban los asuntos del Estado los emperadores de las dinastías Ming y Qing. Comenzó a ser construida en 1406, durante el reinado de Yong Le, de la dinastía Ming. Aquí se radicaron un total de 24 emperadores.

El Palacio ocupa una superficie de 720.000 metros cuadrados sobre la cual están construidos 8.707 palacios y pabellones.

En 1987, este Palacio fue incluido por la UNESCO de la ONU en la Lista de Patrimonios Culturales del Mundo.

Palazzo Imperiale

Conosciuto anche come la Città proibita, il Palazzo imperiale, disposto lungo un asse centrale al centro della città di Beijing, è il più grande e completo complesso architettonico classico cinese. La sua costruzione fu iniziata nel 1406. Nell'arco di 500 anni, si sono succeduti 24 imperatori delle dinastie Ming e Qing che hanno regnato e vissuto qui.

Il Palazzo Imperiale copre un'area di 720.000 m², conta 8.707 fra palazzi, padiglioni e stanze. è stato inserito nell'elenco dei patrimoni culturali mondiali dell'UNESCO nel 1987.

고 궁

북경시 도심에 위치, 명(明)· 청(清)대의 제왕들이 정사를 보던 곳과 거주하던 곳이 있는 황궁으로서 세계적으로 현존 규모가 제일 크고 완전하게 보전된 고대 목조 건축군이나. 영력 4년(1406)에 기공된 후 연 24명의 황제가 이 곳에서 등극하였다.

부지 면적이 72만㎡에 달하고 전당과 누각이 8707간이나 된다. 1987년에 고궁은 유네스코에 의해 세계문화유산으로 선정되었다.

午门
Wumen (Meridian Gate)
午門
La porte du Méridien.
Das Wumen-Tor
Puerta Meridiana
Porta del Meriggio
오문

故宫鸟瞰
Bird's-eye view of the Palace Museum
故宫を鳥瞰
Vue d'ensemble du Palais impérial.
Aus dem Vogelschau gesehener Kaiserpalast
Panorama del Palacio Imperial
Palazzo Imperiale
고궁 조감

① 太和殿内景
Inside the Taihedian (Hall of Supreme
  Harmony)
太和殿室内
Vue intérieure de la Salle de
  l'Harmonie suprême.
Innenbild der Halle Taihedian
Interior del Palacio de la Suprema Armonía
Interno del Palazzo dell'Armonia Suprema
태화전 내부

② 坤宁宫内景
Inside the Kunning Palace (Palace of Earthly Tranquillity)
坤寧宮室内
Vue intérieure du Palais de la Tranquillité terrestre.
Innenbild des Palastes Qianning
Interior del Palacio de la Tranquilidad Terrrenal
Interno del Palazzo della Tranquillità Terrena
곤녕궁 내부

③ 养心殿内景
Inside the Yangxindian (Hall of Mental Cultivation)
養心殿室内
Vue intérieure de la Salle de la Cultivation mentale
Innenbild er Halle Yangxindian
Palacio Yangxin
Interno del Palazzo Yangxin
양심전 내부

④ 储秀宫内景
Inside the Chuxiu Palace (Palace of Accumu lated Elegance)
儲秀宮室内
Vue intérieure du Palais des Jeunes Beautés.
Innenbild des Palastes Chuxiu
Interior del Palacio Chuxiu
Interno dcl Palazzo delle Eleganze Accumulate
저수궁 내부

① 角楼
Corner Tower
角楼
Tour d'angle.
Der Eckturm
Torre Jialou
Torre di guardia
각루

② 神武门
Shenwu Gate
神武門
La porte de la Fierté divine.
Das Shenwu-Tor
Puerta Shenwu
Porta del Genio Militare
신무문

③ 御花园雪景
Snow Scene of the Imperial Garden
御花園の雪景色
Le Jardin impérial couvert de neige.
Schnee in dem Kaiserlichen Garten
Jardín Imperial bajo la nieve
Il Giardino imperiale coperto di neve
어화원의 설경

长城

长城，远自七世纪，当时的各诸侯国，为了相互防御，便在自己的领土上修筑起城墙。公元前221年，秦始皇统一中国后，把秦、燕、赵国等北部的长城连接起来，并增修了许多地段，长达万余里，故称万里长城。如今人们见到的长城多是明代（1368—1644）筑成。

长城大都筑于崇山峻岭之上，非常壮观。长城于1987年已被联合国教科文组织列为世界文化遗产。

The Great Wall

After Qin Shi Huang, the first emperor of the Qin Dynasty, united China in 221 BC, he linked the walls protecting the northern frontiers of the states of Qin, Yan and Zhao, and rebuilt many sections, known as the 5000-km Great Wall. The modern Great Wall was built during the Ming Dynasty (1368-1644).

This magnificent wall was built on high mountains. The UNESCO has listed the Great Wall as part of world cultural heritage.

長城

紀元前221年に、秦の始皇帝が中国を統一した後、従来秦、燕、趙などの北部の長城を連ねて、多くのところを増築し延べ5000km（1kmは2里）に達しており、万里の長城と呼ばれたのだ。今、われわれが見られる長城は明代（1368—1644）に築かれたものだ。

長城は殆ど険しい山に築かれており、壮観そのものである。長城は、すでに国連ユネスコに世界文化遺産に指定された。

La Grande Muraille

Après avoir unifié en 221 av. J.-C. la Chine, l'empereur Shihuangdi de la dynastie des Qin fit relier les divers tronçons de muraille construits par les principautés Qin, Yan, Zhao et autres et les prolonger pour former un ensemble de murailles et de forteresses totalisant une longueur de 5 000 km, d'où le nom de Grande Muraille. La Grande Muraille que l'on voit aujourd'hui est celle reconstruite sous la dynastie des Ming (1368-1644).

Serpentant pour sa plus grande partie sur les crêtes de montagnes, la Grande Muraille donne une impression aussi majestueuse que magnifique. Elle a déjà été inscrite sur La Liste du Patrimoine mondial par l'UNESCO.

Die Große Mauer

Seit der Vereinigung des ganzen Landes im Jahr 221 vor unserer Zeitrechnung ließ Qin Shi Huang, der erste Kaiser Chinas, die getrennten Abschnitte der Großen Mauer im Norden zusammenbinden und viele neue Abschnitte bauen. Die Große Mauer von der Qin-Dynastei erstreckte sich zehntausend *Li* (2 *Li* = 1 Kilometer) lange und wird sie deswegen als die „Zehntausende *Li* lange Große Mauer". Die heute liegende Große Mauer wurde in der Ming-Dynastie (1386 – 1644) erneut gebaut.

Die Große Mauer hat von der UNO zum Weltkulturerbe erklärt worden.

La Gran Muralla

En el año 221 a.n.e., tras su unificación del país, Qin Shihuang mandó unir las altas murallas construidas por los reinos Yan, Zhao y Qin ubicados en el norte del país, y levantar muchos sectores más, de modo que la longitud de la Gran Muralla llegó a ser de más de diez mil *li* (dos *li* equivalen a un km.). Y la Gran Muralla que vemos hoy fue construida bajo los Ming (1368—1644). La Gran Muralla serpentea sobre las cumbres encadenando las ondulantes montañas para formar un espectáculo increiblemente grandioso. Fue incluida por UNESCO de la ONU en la Lista de Patrimonios Culturales del Mundo.

Grande Muraglia

Nel 221 a.C., Qin Shihuangdi, l'imperatore che unificò la Cina, fece collegare e ampliare le muraglie dei regni Yan, Zhao e Qin a nord, creando la Grande Muraglia lunga 10.000 *li* (circa 5.000 km). Le mura che oggi si ammirano risalgono all'epoca Ming (1368 - 1644). La maggior parte della Grande Muraglia fu costruita sulle creste di monti e colline, ciò che la rende così maestosa. La Grande Muraglia fa parte dei patrimoni culturali mondiali dell'UNESCO.

장 성

BC 221년에 진시황이 중국을 통일한 후 진(秦)· 연(燕)· 조(趙) 등 나라의 북부 장성을 연결하고 또 여러 구간을 증축함으로써 길이가 무려 1만여리에 달하므로 만리장성이라 부르게 되었다. 현재 사람들이 볼 수 있는 장성은 명대(1368-1644)에 축조한 것이다.

장성은 대부분 높고 험준한 산정을 따라 건조하였으므로 장관을 이룬다. 만리장성은 이미 유네스코가 선정한 세계문화유산에 수록되었다.

① 八达岭长城雪景
The Great Wall at Badaling
八達嶺の雪景色
La Grande Muraille à Badaling après la neige
Schnee auf dem Badaling
Badaling bajo la nieve
La Grande Muraglia sotto la neve
팔달령 설경

②、③
司马台长城
The Great Wall at Sima Platform
司馬台長城
La Grande Muraille à Simatai.
Der Abschnitt der Großen Mauer auf dem Simatai
Sector de Simatai de la Gran Muralla
Sezione della Grande Muraglia a Simatai
사마대장성

④、⑤
居庸关长城
The Great Wall at Juyong Pass
居庸関長城
La Grande Muraille à Juyongguan.
Der Abschnitt der Großen Mauer auf dem Juyongguan
Sector Juyongguan de la Gran Muralla
Sezione della Grande Muraglia a Juyongguan
거용관장성

颐和园

颐和园坐落在北京西北部，离城中心约15千米，是中国古典园林之首，也是世界著名园林之一。颐和园初为金贞元元年（1153）建的帝王行宫。明代改名好山园，清乾隆十五年（1750）扩建，名清漪园。1888年，慈禧挪用海军经费重建，竣工后改称今名。

颐和园由万寿山和昆明湖组成，占地290公顷。其中，昆明湖占全园面积的四分之三。环绕山、湖间是一组组精美的建筑物。

颐和园于1998年被联合国教科文组织列为世界文化遗产。

Summer Palace

Located northwest of Beijing and 15 km from the city center, the Summer Palace ranks No. 1 among China's ancient parks. It was an imperial palace built during the first year of Emperor Zhenyuan (1153) of the Jin Dynasty. In 1888, Empress Dowager Cixi diverted millions of tales of silver designated originally for the reconstruction of the Summer Palace, and renamed it "the Summer Palace" after its completion.

The Longevity Hill and Kunming Lake are part of the Summer Palace and cover an area of 290 hectares. The area between the mountain and the lake has exquisite architecture.

In 1998, the UNESCO listed the Summer Palace as part of world cultural heritage.

頤和園

頤和園は北京の西北から約15km離れたところにあり、中国古典園林の屈指の傑である。始めに、金の貞元元年（1153）に建てられた皇帝の安在所だった。1888年に、西太后は海軍の軍費を流用して建て直し、竣工してから今の名前に改名した。

頤和園は万寿山と昆明湖からなる。敷地面積は290ha。山と湖の間に美しい建物が軒を連ねる。

頤和園は1988年に国連ユネスコに世界文化遺産に指定された。

Le Palais d'Eté

Situé à 15 km au nord-ouest du centre de la ville de Beijing, le Palais d'Eté est le premier jardin ancien de Chine. Au départ, le Palais d'Eté était une résidence impériale secondaire construite durant la première année du règne Zhenyuan de la dynastie des Jin (1153). En 1888, Ci Xi, impératrice douairière de la dynastie des Qing, le fit reconstruire en engloutissant le crédit affecté à la marine de guerre. Après l'achèvement des travaux, Ci Xi donna au parc son nom actuel : le Parc de l'Harmonie (Yiheyuan).

Le Palais d'Eté est constitué de deux parties distinctes : la colline de la Longévité millénaire (Wanshoushan) et le lac Kunming, totalisant une superficie de 290 ha. Entre la colline et le lac se trouvent toute une série de beaux édifices.

En 1998, le Palais d'Eté a été inscrit sur La Liste du Patrimoine mondial par l'UNESCO.

Der Sommerpalast

Der Sommerpalast liegt im Nordwesten Beijings, etwa 15 Kilometer weit vom Stadtzentrum entfernt, ist in China der größte Garten aus alter Zeit. Der Sommerpalast wurde seit 1153 gebaut und seit 1888 erneut gebaut. Er war kaiserliche Villa.

Der Sommerpalast besteht aus dem Berg Wanshou und dem See Kunming, nimmt eine Fläche von 290 ha ein.

Der Sommerpalast wurde 1998 von der UNO auf die Liste des Weltkulturerbes aufgenommen.

El Palacio de Verano

Situado al noroeste de Beijing, se halla aproximadamente a 15 km del centro del casco de la ciudad. Ocupa el primer lugar entre los jardines clásicos chinos. La antecesora de este palacio fue residencia temporal del emperador establecida en el año 1153. Y la construcción del Palacio se realizó en 1888 por orden de la emperatriz Ci Xi quien malversó los fondos destinados a las fuerzas navales de China.

El Palacio de Verano, que ocupa una superficie de 290 hectáreas, se compone de dos sectores: la Colina de la Longevidad y el Lago Kunming. Entre la colina y el lago, se encuentran complejos de elegantes edificios.

En 1998, el Palacio de Verano fue incluido por la UNESCO de la ONU en la Lista de Patrimonios Culturales del Mundo.

Palazzo d'Estate

Il palazzo d'Estate è ubicato alla periferia nordoccidentale della città, a una distanza di 15 km dal centro della città. Si tratta del giardino imperiale più grande e meglio conservato della Cina, uno stupendo esempio di giardino classico, dove gli imperatori della dinastia Qing trascorrevano l'estate. La prima pietra venne posta nel 1153 dall'imperatore della dinastia Jin. Nel 1888, la vedova imperiale Cixi ne ordinò la ricostruzione coprendo le altissime spese con i fondi destinati alla marina cinese. Sulla sua superficie di 290 ettari, si estendono il lago artificiale Kunming e la collina della Longevità. Lungo il lago e sulla collina si ergono numerosi edifici classici.

Il Palazzo d'Estate è stato inserito nell'elenco dei patrimoni culturali mondiali dell'UNESCO nel 1998.

이화원

북경시 북서부에 위치, 도심에서 약 15km 상거, 중국 고전원림의 으뜸으로 꼽힌다. 맨 처음에는 금(金)대 정원 윈넌(1153)에 건조한 제왕의 행궁이었다가 1888년 자희태후가 해군 경비를 유용하여 재건하고 이화원이라 개칭했다.

이화원은 만수산과 곤명호로 구성되었으며 부지 면적은 290헥타르이다. 산과 호수 사이에는 정교하고 아름다운 건축물들이 많이 줄져 있다.

이화원은 1998년 유네스코에 의해 세계문화유산으로 선정되었다.

① 石舫
Marble Boat
石船
Le Bateau de marbre.
Marmorboot
Barco de Mármol
La Nave di marmo
석방

② 十七孔桥
17-Arch Bridge
十七孔橋
Le Pont aux dix-sept arches.
Die Siebzehn-Bogen-Brücke
Puente de 17 Arcos
Il ponte dalle Diciassette Arcate
17공교

③ 铜牛
Bronze Bull
銅牛
Le Buffle de bronze, gardien du lac.
Bronzebüffel
Buey de Bronce
Bue in bronzo
구리소

颐和园长廊
Long Corridor
頤和園長廊
La Longue Galerie couverte du Palais d'Eté.
Langer Wandelgang
Larga Galería del Palacio de Verano
Gallerie coperte
이화원의 회랑

颐和园长廊彩画
The Summer Palace Long Corridor Murals
頤和園の長廊彩画
Fresques de la Longue Galerie couverte du Palais d'Eté.
Wandmalereien in dem Langen Wandelgang
Frescos de la Larga Galería del Palacio de Verano
I dipinti lungo le Gallerie coperte del Palazzo d'Estate
이화원 회랑 벽화

戏楼
Outdoor Stage
劇場
Le Théâtre impérial.
Gebäude zur Aufführung des Theaterspiels
Teatro
Il teatro del Palazzo d'Estate
극루

铜 亭
Bronze Pavilion
銅亭
Le Kiosque de bronze.
Bronzepavillon
Quiosco de Bronce
Padiglione di bronzo
구리정자

苏 州 街
Suzhou Street
蘇州街
La rue de Suzhou
Suzhou-Straße
Calle Suzhou
Via Suzhou
소주가

天坛公园

天坛位于北京城南端，建于明永乐十八年（1420），面积约273万平方米。是明、清两代皇帝祭祀天、祈雨和祈祷五谷丰收的地方。天坛是中国最大的坛庙建筑。它的建筑布局、建筑结构、建筑装饰，不仅在中国建筑史上有重要地位，也是世界上现存古建筑的珍贵遗产。

祈年殿是天坛的主体建筑。殿呈圆形，由蓝色琉璃瓦盖顶。皇穹宇外围围以193米的圆形高墙，为著名的回音壁。

天坛于1998年被联合国教科文组织列为世界文化遗产。

Temple of Heaven

Located in southern Beijing, the Temple of Heaven was built in 1420, during the reign of Emperor Yongle. Covering an area of 2,730,000m^2, it was the site on which emperors of the Ming and Qing dynasties offered sacrifices to Heaven, prayed for rain and a good harvest.

The Temple of Heaven is the largest extant sacrificial temple in China. Its architectural layout, structure and decoration have not only occupied an important position in China, but are also part of a valuable world heritage.

The Hall of Prayer for a Good Year is the main building of the Temple of Heaven. In 1998, the UNESCO listed the Temple of Heaven as part of world cultural heritage.

天壇公園

天壇公園は、北京の南端にあり、明代の永楽十八年（1420）に建てられ、面積は約273万㎡。明・清時代に皇帝が天を祭り、雨を希求し五穀豊穣を祈念するところであった。天壇は中国最大の壇廟建築である。その建築仕組み、建築装飾は、中国建築史上に重要な地位を占めているばかりではなく、世界では現存する古代建築の珍しい遺産でもある。

祈年殿は天壇の主体建築である。天壇は1988年に国連ユネスコに世界文化遺産に指定された。

Le Parc du Temple du Ciel

Le Temple du Ciel se trouve dans la partie sud de la ville de Beijing. Construit en l'an 18 du règne Yongle de la dynastie des Ming (1420), il couvre 2,73 millions de m^2. C'est là que les empereurs rendaient hommage au ciel et priaient pour la pluie et les bonnes récoltes sous les Ming et les Qing. Le Temple du Ciel est le plus grand du genre en Chine. La disposition, les structures et les décorations de ses édifices occupent non seulement une place importante dans l'histoire de l'architecture chinoise, mais également au sein du patrimoine architectural mondial.

La Salle des Prières pour les bonnes récoltes est la construction principale du Temple du Ciel. En 1998, l'ensemble a été inscrit sur La Liste du Patrimoine mondial par l'UNESCO.

Der Himmelstempel-Park

Der Himmelstempel im südlichen Stadtrand von Beijing wurde im Jahr 1420 gebaut, war der Platz, wo die Kaiser der Ming- und Qing-Dynastie dem Himmel ein Opfer darbracht. Er nimmt eine Fläche von etwa 273 Quadratmetern ein, ist der größte Tempel Chinas.

Die Halle Qinian ist der Hauptteil des Himmelstempels. Der Himmelstempel wurde 1998 von der UNO auf die Liste des Weltkulturerbes aufgenommen.

El Templo del Cielo

Está al extremo sur de la ciudad de Beijing. Construido en 1420, durante el reinado Yong Le de la dinastía Ming, se extiende sobre un área de 2,73 millones de metros cuadrados. Es el mejor de los templos existentes en China. Era el lugar donde los emperadores de la dinastía Ming y Qing ofrecían sacrificios al cielo y oraban por buenas cosechas. Por la distribución de sus edificios, la estructura y elementos decorativos de estos edificios, el Templo del Cielo ocupa un puesto imporante en la historia de la arquitectura china, y también una preciosa herencia arquitectónica que existen en el mundo.

El Altar para Rogar por las Buenas Cosechas es la construcción principal del Templo del Cielo. En1998, el Templo del Cielo fue incluido por la UNESCO de la ONU en la Lista de Patrimonios Culturales del Mundo.

Tempio del Cielo

Ubicato nella parte sudorientale di Beijing, il tempio del Cielo, che con i suoi 273 ettari di superficie rappresenta uno dei maggiori parchi della città, è anche uno dei maggiori templi cinesi e uno fra i maggiori complessi architettonici del mondo. Fu costruito nel 1420. Gli imperatori delle dinastie Ming e Qing vi si recavano per pregare il Cielo di concedere un buon raccolto e la pioggia.

Il Tempio della Preghiera per i Buoni raccolti è un componente più importante del complesso. Il Tempio del Cielo è stato inserito nell'elenco dei patrimoni culturali mondiali dell'UNESCO nel 1998.

천단공원

북경시 남단에 위치, 명(明)대 영락 18년(1420)에 건조, 면적은 약 273만㎡이다. 이곳은 명(明)· 청(淸)대 황제들이 하늘에 제사를 지내어 오곡의 풍작을 기원하던 징소이다. 천단은 중국 최대의 단묘(壇廟) 건축물이다. 천단의 건축물 배치와 구조· 장식은 중국 건축사에서 중요한 자리를 차지할 뿐만 아니라 세계적으로도 현존 고건축물의 진귀한 유산으로 된다.

기년전은 천단의 주체 건물이다. 천단은 1998년 유네스코에 의해 세계문화유산으로 선정되었다.

祈年殿内景
Hall of Prayer for a Good Year
祈年殿室内
Vue intérieure de la Salle des Prières pour les
  bonnes récoltes.
Innenbild der Halle Qinian
Interior del Altar para Rogar por las Buenas Cosechas
L'interno del Tempio della Preghiera per i Buoni Raccolti
기년전 내부

① 斋宫
Hall of Abstinence
斋宫
Le Palais de l'Abstinence.
Die Fastenhalle
Palacio del Ayuno
Palazzo del digiuno
재궁

② 回音壁
Echo Wall
回音壁
Le Mur de l'Echo.
Die Echomauer
Muro del Eco
Muro dell'Eco
회음벽

③ 皇穹宇
Hall of the Imperial Heavenly Vault
皇穹宇
La Voûte céleste impériale.
Die Halle des Himmelsgewölbes
Templo de la Bóveda Imperial del Cielo
Volta Celeste Imperiale
황궁우

天坛雪景
Temple of Heaven in snow
天壇の雪景色
Le Temple du Ciel après la neige.
Schnee Himmelstempels
El Templo del Cielo bajo la nieve
Il Tempio del Cielo coperto di neve
천단의 설경

双环亭
Shuanghuan Pavilion
双環亭
Le Double Kiosque circulaire.
Doppelringenpavillon
Quiosco Shuanghuan
Padiglione Shuanghuan (due cerchi)
쌍환정

周口店北京猿人遗址

周口店北京猿人遗址，位于房山区周口店龙骨山，距市区50千米。"北京人"在距今五六十万年前，曾生活在龙骨山的石灰岩洞穴里。除"北京人"遗址外，这里还发现有距今约10万年前的"新洞人"化石和约2万年前的"山顶洞人"化石。1987年，周口店北京猿人遗址被联合国教科文组织列为世界文化遗产。

Zhoukoudian (The Former Home of Peking Man)

Located in Fangshan District, 50 km southwest of Beijing, Zhoukoudian is the former residence of Peking Man, who lived there approximately 500,000-600,000 years ago. In addition to the Peking Man, the fossils of the "New Cave Man", dating back to 100,000 years, and the fossils of the "Mountain Top Cave Man", were discovered here, dating back to 20,000. In 1987, the UNESCO listed the Site of Peking Man as part of world cultural heritage.

周口店北京原人遺跡

周口店北京原人遺跡は、市区から50km離れた房山区周口店龍骨山にある。「北京原人」は、今から5、60万年前にかつて龍骨山の石灰岩洞窟で生活していた。「北京原人」遺跡のほか、ここで今から約10万年前の「新洞人」化石と約2万年前の「山頂洞人」化石も発見した。1987年に、周口店北京原人遺跡は国連ユネスコに世界文化遺産に指定された。

Le Site de l'Homme de Beijing à Zhoukoudian

Le Site de l'Homme de Beijing à Zhoukoudian (Homme de Pékin ou sinanthrope, *Sinanthropus pekinensis*) se trouve sur la colline Longgu (colline des Os de dragon) à Zhoukoudian dans l'arrondissement de Fangshan à 50 km de la ville de Beijing. Il y a 500 à 600 000 ans, l'Homme de Beijing vivait dans la caverne calcaire de la colline Longgu. Outre l'Homme de Beijing, les paléo-anthropologues y ont découvert des fossiles de l'Homme de la Caverne nouvelle (Homme dit de Xindongren) ayant vécu il y a 100 000 ans et de l'Homme de la Caverne supérieure (Homme dit de Shanding Dongren) ayant vécu il y a 20 000 ans. En 1987, le Site de l'Homme de Beijing à Zhoukoudian a été inscrit sur La Liste du Patrimoine mondial par l'UNESCO.

Zhoukoudian-Ruine des Lebensortes von „Pekingmenschen"

Die Zhoukoudian-Ruine des Lebensortes von „Pekingmenschen" liegt im Longgu-Berg in Zoukoudian des Bezirkes Fangshan, 50 Kilometer weit vom Stadtgebiet entfernt. Vor 500 000 Jahren wohnten die „Pekingmenschen" in Karsthöhlen in diesem Berggebiet. Außer der Ruine des Lebensortes von „Pekingmenschen" wurden hier noch die Fossilien der etwa vor 100 000 Jahren hier lebenden „Xindong-Menschen" und der etwa vor 20 000 Jahren hier lebenden „Shandingdong-Menschen" entdeckt. Zhoukoudian-Ruine des Lebensortes von „Pekingmenschen" wurde 1987 von der UNO auf die Liste des Weltkulturerbes aufgenommen.

Zhoukoudian

Hogar del Hombre de Pekín que se encuentra en la colina Longgu (Hueso de Dragón) del distrito de Fangshan, a 5 kilómetros de la ciudad de Beijing. Hace 60 mil años, el Hombre de Pekín vivía allí en las cuevas calcáreas. Además, en esta zona también se descubrió fósiles del Hombre Xindong de hace 100 mil años y del Hombre Shandingdong de 200 mil años. En 1998, fue incluido por la UNESCO de la ONU en la Lista de Patrimonios Culturales del Mundo.

Museo dell'Uomo di Pechino

Il Museo dell'Uomo di Pechino si trova a Longgushan presso Zhoukoudian nel distretto di Fangshan, a una distanza di 50 km dalla città. Presso il Longgushan, nella caverna dove visse l'Uomo di Pechino circa 500.000 anni fa, oltre ai resti fossilizzati

dell'Uomo di Pechino, sono stati scoperti anche i resti fossilizzati dell'Uomo delle nuove caverne (circa 100.000 anni fa) e quelli dell'Uomo delle caverne (20.000 anni fa). Nel 1987, il Museo dell'Uomo di Pechino è stato inserito nell'elenco dei patrimoni culturali mondiali dell'UNESCO.

주구점의 북경원인 유적

 방산구 주구점 용골산에 위치, 시구에서 50km 떨어져 있다. "북경원인" 유적 외에도 또 거금 약 10만년 전의 "신동인" 화석과 약 2만년 전의 "산정동인" 화석이 발견되었다. 1987년 주구점 북경원인 유적은 유네스코에 의해 세계문화유산으로 선정되었다.

名胜古迹

北京的名胜古迹，既多又美，其中不少堪称"世界之最"和"中国之最"。这正是她最具魅力的地方。

您想了解明王朝（1368—1644）的历史吗？请去昌平区境内的天寿山陵区，那里埋葬着明代十三位帝王。透过已经挖掘出来的定陵文物，可以窥视出当年奢华的帝后生活；以及明代精湛的建筑、工艺水平。

您想瞻仰受人尊敬的孔子吗？请去国子监街，那里的孔庙，是元、明、清三代祭祀孔子的地方。特别是那198块进士题名碑和除奸柏，向您无言述说着中国沧桑的历史文化。

您想去看中国最大的"钟王"吗？在西郊大钟寺古钟博物馆内，一座重46.5吨的铜钟，内外刻着一百余种经文，约23万字，其钟声可传40公里之遥。

您想了解中国最大的独木佛吗？中国著名的喇嘛庙之一雍和宫内万福阁，有座高26米（地面上18米）的弥勒站佛，全身贴金，系用独根白檀木雕刻而成，造形庄重，精细，堪称一绝。

北京的名胜古迹，实在太多太多。其中包括园林古建筑、自然风光、寺庙庵观，林林总总，无不是中国古代人民的杰作，无不闪烁着人类智慧的光芒。

名勝旧跡

北京の名勝旧跡は数多くあり、うち「世界一」、「中国一」を誇るものも多い。これは、北京の最も魅力を持つところと言えよう。

明朝（1368—1644）の歴史に興味を持てば、明代の13人の皇帝を葬られた昌平区にお出かけ下さい。発掘された定陵の文物から、当時贅沢を極まる皇帝、皇后の生活及び明代の優れた建築・工芸水準が窺えられる。

人々に尊敬される孔子を謁見したければ、国子監街に行って下さい。そこにある孔子廟は、元、明、清時代に孔子を祭ったところだった。

中国最大の「鐘の王様」に興味を持つ方ならば、西郊外にある大鐘寺がお勧めだ。重さ46.5tの鐘は、鐘声が遠く40kmまで響き渡すことが出きる。

名高いラマ教寺院雍和宮の万福閣には中国最大の独木仏がある。高さ26m（地上18m）の彌勒仏立像は、満遍なく金めっきされ、1本の白檀の木で彫刻したものだ。

北京の名勝旧跡は、数え切れないほど多くある。うち、古代の園林建築、自然風景、仏教・道教寺院などは、いずれも古代中国人の傑作で、人間知恵の集大成である。

Historical Sites and Scenic Spots

Beijing has many historical sites and scenic spots. Most of them are well-known in China and the world.

Do you want to know more about the history of the Ming Dynasty (1368-1644)? Please go to Changping, where 13 emperors of the dynasty are buried. You can know the luxurious life of emperors and empresses at that time through many unearthed relics, as well as the exquisite architectural skills.

Do you want to pay respects to the ancient sage Confucius? Please go to Guozijian (the Imperial College). The Temple of Confucius there is the place where emperors of the Yuan, Ming and Qing dynasties offered sacrifices.

Do you want to see China's biggest "Bell King?" There is a 46.5-ton bronze bell in the Big Bell Temple located in the west of Beijing. The sound of the bell can be heard at least 40 km away.

Do you want to know China's biggest Buddha carved out of a single piece of wood? There is a 26-meter-high standing statue (beginning 8 meters below ground and towering 18 meters above it) in the Wanfuge (Hall of Infinite Happiness) in Yonghegong (Lamasery of Harmony and Peace). The body of the Buddha is covered with gold, and is carved from the trunk of a single sandalwood tree.

Beijing teems with numerous historical sites and scenic spots, including ancient structures, natural scenery, temples, monasteries and nunneries. They are all master-pieces of the Chinese people, showing the wisdom of the human being.

Sites célèbres et monuments historiques

Beijing possède de nombreux sites célèbres et monuments historiques dont un certain nombre sont parmi les plus beaux ou les plus intéressants dans leur catégorie dans le monde ou en Chine. Voilà où résident ses attraits.

Voulez-vous connaître l'histoire de la dynastie des Ming (1368-1644) ? Allez donc dans l'arrondissement de Changping où sont enterrés les 13 empereurs de cette dynastie. Les objets déjà déterrés du tombeau Dingling révèlent la vie luxueuse de la cour impériale et témoignent du niveau atteint dans l'artisanat et l'architecture sous les Ming.

Voulez-vous rendre hommage à Confucius ? Allez faire le tour de la rue Guozijian (Collège impérial), vous y trouverez sûrement le Temple de Confucius où les cérémonies à la mémoire de ce sage avaient lieu sous les Yuan (1271-1368), les Ming (1368 – 1644) et les Qing (1644-1911).

Voulez-vous voir la plus grande cloche de Chine ? Dans le Musée des cloches anciennes du Temple de la Grande Cloche (Dazhongsi) est suspendue une cloche en bronze de 46,5 t dont le son résonne à 40 km à la ronde.

Voulez-vous voir le plus grand Bouddha sculpté dans un tronc d'arbre de Chine ? Le Pavillon des Dix Mille Bonheurs (Wanfuge) du Palais de l'Eternelle Harmonie ou Temple des Lamas (Yonghegong) abrite la statue de Maitreya en pied de 26 m de haut (18 m au-dessus du sol), sculptée dans le tronc d'un santal blanc et plaquée d'or.

Le nombre de sites célèbres et de monuments historiques est incalculable à Beijing. Tous les édifices anciens de jardins paysagers et des temples sont des chefs-d'œuvre, brillants témoins de la diligence des travailleurs de l'ancienne Chine.

Sehenswürdigkeiten und historische Stätten

Beijing verfügt über viele weltbekannte Sehenswürdigkeiten und historische Stätten, die jährlich zahlreiche in- und ausländische Touristen angezogen haben.

Wollen Sie die Geschichte der Ming-Dynastie (1368 – 1644) wissen? Fahren Sie dann zum Kreis Changping. Dort liegen die Dreizehn Gräber der Ming-Kaiser. An den freigelegten Kulturgegenszänden können Sie das Leben der Kaiser, das bau- und kunsttechnologische Niveau erfahren.

Wollen Sie mit allen Respekt den ehemaligen Weisen Konfuzius betrachten? Gehen Sie zu der Kaiserlichen Akademie. In der steht der Konfuziustempel.

Wollen Sie sich den größten „Glockenkönig" Chinas ansehen? Dann treten Sie in den Glockentempel. In dem gibt es eine 46,5 Tonnen schwere Glocke, deren Schläge eine 40 Kilometer lange Strecke fliegen können.

Wollen Sie sich die Holzbuddhafigur anschauen? Gehen Sie zu dem Yung-Ho-Gung-Lamatempel. In dessen Wanfu-Halle liegt eine 26 Mehter (unter dem Boden 8 Meter) hohe, stehende Buddhafigur, die aus einem Baumstamm geschnitzt ist.

Die Sehenswürdigkeiten und historischen Stätten in Beijing sind zu viel.

Monumenti storici

Con i suoi numerosi monumenti, conosciuti sia in Cina che nel resto del mondo, Beijing attira un numero sempre crescente di visitatori..

Chi vuole conoscere la storia imperiale tra il 1368 e il 1644, deve andare al distretto di Changping, il luogo dove sono sepolti 13 imperatori della dinastia Ming. I reperti archeologici ricavati dalla tomba Ding testimoniano la vita lussuosa degli imperatori e delle imperatrici, l'architettura e le tecniche artistiche dell'epoca.

Chi vuole rendere omaggio a Confucio, può visitare la via Guozijian e il tempio di Confucio, luogo dove si offrivano sacrifici a Confucio durante le dinastie Yuan, Ming e Qing.

Chi vuole ammirare la Regina delle campane cinesi, deve andare al tempio della grande Campana, ubicato nella parte occidentale di Beijing, dove è custodita una campana in bronzo del peso di 46,5 tonnellate. Si dice che in giornate particolari, il suo suono si poteva sentire fino a 40 chilometri di distanza.

Chi vuole ammirare la più grande statua lignea di Buddha, deve visitare lo Yonghegong (Palazzo dell'Eterna Armonia), uno dei famosi templi del lamaismo cinesi. Nel Wanfuge (padiglione delle Diecimila Felicità) si trova una statua di Maitreya verniciata d'oro, alta 18 metri, ricavata da un unico tronco di legno di sandalo tibetano bianco.

I numerosi monumenti di Beijing, fra cui molti giardini classici, monasteri e templi, dimostrano l'intelligenza degli abitanti dell'antica Cina.

Lugares de valor histórico

Los lugares de valor histórico de Beijing son numerosos y muy hermosos, y no pocos de ellos no tienen paragón en el mundo. Son naturalmente los más atractivos.

Si necesita Ud. conocer la historia de la dinastía Ming (1368—1644), debe ir al distrito de Changping, pues yacen allí los 13 soberanos de esta dinastía. Los objetos exhumados de la tumba Dingling le ayudan a imaginar la vida de lujo que llevaban los emperadores y sus esposas, la fina arquitectura y el nivel tecnológico alcanzado en aquellos remotos tiempos.

Si quiere Ud. rendir homenaje al venerable Confucio, puede acudir al Templo de Confucio en la calle Guozhijian. Fue lugar donde los Yuan, Ming y Qing ofrecían sacrificios a este gran sabio.

Si piensa Ud. ir a contemplar la "Reina Campana", debe ir al Templo Dazhong (Gran Campana) en los suburbios occidentales de Beijing. Aquí se guarda una camapana de 46,5 toneladas de peso y el sonido que produce al ser doblada se percibe a una distancia de 40 km.

Si tiene Ud deseos de ver con sus propios ojos la mayor estatua de Maitreya de China, puede verla en el Pabellón Wanfu del Palacio Yonghe (Eterna Armonía), uno de los templos lamaistas más célebres de China. Es una figura de 18 m de altura sobre una base de 8 m. Bañada de oro, está hecha a base de un enorme tronco de sándalo blanco.

Los lugares de valor histórico en Beijing son realmente incontables. Entre ellos figuran parques con edificaciones antiguas, templos, conventos... Todos son excelentes obras del antiguo pueblo chino y despiden todos brillos de la sabiduría de la humanidad.

명승 고적

북경의 명승 고적은 많고도 아름답다. 그중에는 이른바 "세계의 제일" 과 "중국의 제일" 로 꼽히는 것들이 많다. 이것이 바로 북경이 지니고 있는 가장 큰 매력이다.

명(明)대 왕조(1368-1644)를 알고 싶으면 명대의 13명 황제가 안장되어 있는 창평구에 가서 이미 발굴된 정릉의 문화재를 통해 당년 제후들의 사치한 생활이며 명대의 조예 깊은 건축과 공예 수준을 엿볼 수 있다.

세인들의 존경을 받고 있는 공자를 참배하고 싶으면 국자감거리에 있는, 원(元)· 명(明)· 청(淸) 3대에 걸쳐 공자에게 제를 지냈던 공묘를 찾을 수 있다.

중국 최대의 "종왕(鐘王)" 을 보고 싶으면 서교에 있는 대종사 고종박물관을 찾을 수 있다. 그곳에는 무게 46.5톤의 구리종이 있는데 종소리가 무려 40km 밖에까지 울려 퍼진다.

중국 최대의 통나무 불상을 보고 싶으면 중국의 유명한 라마묘의 하나인 옹화궁을 찾을 수 있다. 옹화궁의 만복각안에 키가 26m(지상 18m)이고 온몸에 금물을 올린 미륵부처 입상이 있는데 한 그루의 백단목으로 조각한 것이다.

북경의 명승 고적은 실로 헤아릴 수 없이 많다. 그중에는 원림 고건축· 자연 풍광· 사원과 도관 등이 임립해 있는데 모두가 중국 고대 사람들의 결삭으로 인류의 눈부신 지혜를 보여준다.

明十三陵

明十三陵位于昌平区境内的天寿山下，距市区50千米。陵址三面环山。南面开口处有公路南通北京。在方圆约40平方千米的盆地埋葬着明代（1368－1644）十三朝帝后。日前开放的景点有神路、定陵、长陵、昭陵。

The Ming Tombs

The Ming Tombs lie in a broad valley to the south of Tianshou Mountain in Changping District, about 50 km northwest of Beijing. Three mountains surround it on three sides. Thirteen Ming Dynasty (1368-1644) emperors and their empresses were buried in this 40-square-km basin. The Sacred Way, the Dingling, the Changling and the Zhaoling are open to the public.

明の十三陵

明の十三陵は昌平区境内の天寿山の麓にあり、市区から50km離れた。陵墓の三面は山に囲まれており、約40km²の範囲に、明の13世代の皇帝、皇后を葬っていた。今、神道、定陵、長陵、昭陵は一般に公開されている。

Les Treize Tombeaux des Ming

Les Treize Tombeaux des Ming se trouvent au pied des collines Tianshou (collines de la Longévité céleste) dans l'arrondissement de Changping à 50 km de la ville de Beijing. Cette nécropole impériale est entourée sur ses trois côtés de montagnes. Dans un bassin de 20 km à la ronde sont enterrés les 13 empereurs et leurs épouses de la dynastie des Ming (1368-1644). A présent, l'allée menant à la nécropole, le tombeau Dingling (empereur Shenzong, règne Wanli 1573-1620), le tombeau Changling (empereur Chengzu, règne Yongle 1403-1425) et le tombeau Zhaoling (empereur Muzong, règne Longqing 1567-1573) sont ouverts à la visite.

Die Dreizehn-Gräber der Ming-Kaiser

Die Dreizehn-Gräber der Ming-Kaiser liegt am Fuße des Berges Tianshou im Kreis Changping, 50 Kilometer weit vom Stadtgebiet entfernt. Die Gräber sind auf drei Seiten von Bergen umgeben und nehmen eine Flächen von 40 Quadratkilometern ein. Zur Zeit sind die Gräber Dingling, Changling und Zhaoling sowie der Heilige Durchgang für Touristen geöffnet.

Las Trece Tumbas Ming

Estas tumbas están al pie de la Colina Tianshou, en el término distrital de Changping, a 50 km de la zona urbana. En un terreno de 40 km² rodeado por las montañas entres de sus tres lados, yacen los 13 emperadores y sus esposas de la dinastía Ming (1368—1644). Los puntos abiertos al turismo son la Ruta Divina, las Tumbas Dingling, Changling y Zhaoling.

Le tredici Tombe dei Ming

Distanti 50 km dal centro della città di Beijing, lungo le colline Tianshou nel distretto di Changping si trovano le tredici tombe dei Ming. In un'area di 40 km², furono sepolti 13 imperatori e le loro imperatrici della dinastia Ming (1368 - 1644). Oggi, sono aperte al pubblico solo la Via sacra, le tombe Ding, Chang e Zhao.

명대 13릉

창평구 경내의 천수산 기슭에 위치, 시구에서 50km 떨어져 있다. 능지는 삼면이 산에 둘러싸여 있다. 넓이 약 40㎢의 분지에 명대(1368-1644)의 13명 황제와 황후가 안장되었다. 현재 개방된 명소로는 신도· 정릉· 장릉· 소릉 등이 있다.

明十三陵
The Ming Tombs
明の十三陵
Les Treize Tombeaux des Ming
Die Dreizehn-Gräber der Ming-Kaiser
Trece Tumbas Ming
Le tredici Tombe dei Ming
명대 13릉

① 凤冠
Phoenix coronet
鳳凰の冠
La coiffure de phénix.
Kaiserinkrone
Corona de fénix
Corona dell'imperatrice
봉관

② 地宫
Underground Palace
地下宮殿
Le Palais souterrain.
Unterirdischer Palast
Palacio subterráneo
Palazzo sotterraneo
지하궁전

③、④、⑤
神路
Sacred Way
神道
L'allée menant à la nécropole des Ming.
Heiliger Durchgang
Ruta Divina
Via sacra
신도

⑥ 石牌坊
Marble Archway
石牌坊（鳥居）
Portique monumental de marbre blanc.
Ehrenbogen aus Steinen
Pórtico conmemortivo de mármol.
Portale d'onore in marmo
석패방

雍和宫

雍和宫建于清康熙三十三年（1694），胤禛为皇子时以此为府邸。雍正三年（1725）改为雍和宫，乾隆九年（1744）建喇嘛庙。其万神阁内用檀香木雕成的弥勒佛站像，为中国最大的木佛之一。

Yonghegong (Lamasery of Harmony of Peace)

The Lamasery of Harmony and Peace was originally built to the order of Emperor Kangxi in 1694 to serve as a residence for his son and successor – Yinzhen. In 1725, the third year of Emperor Yongzheng, the name was changed to Yonghegong (Lamasery of Harmony and Peace). In 1744, the ninth year of Emperor Qianlong, the lamasery temple was built. The sandalwood sculpture of the standing statue Maitreya Buddha is the biggest wooden Buddha in China.

雍和宫

雍和宫は清の康熙三十三年（1694）に建てられた。胤禛皇太子時代の邸宅だった。雍正三年（1725）に雍和宮に変り、乾隆九年（1744）にラマ廟として建て直した。万福閣にある白檀で彫刻された弥勒の立像は、中国最大の木製仏像である。

Le Palais de l'Eternelle Harmonie

Le Palais de l'Eternelle Harmonie fut construit en l'an 33 du règne Kangxi de la dynastie des Qing (1694). Il s'agissait à l'origine de la résidence de Yin Zhen, empereur Shizong (règne Yongzheng), avant son avènement au trône. En l'an 3 du règne Yongzheng (1725), il prit son nom actuel et en l'an 9 du règne Qianlong (1744), fut converti en temple lamaïste. La statue en pied de Maitreya sculptée dans le tronc d'un santal installée dans le pavillon des Dix Mille Bonheurs est l'un des plus grands bouddhas en bois de Chine.

Der Yung-Ho-Gung-Lamatempel

Der Yung-Ho-Gung-Lamatempel wurde als Wohnhaus des Thronfolgers der Qing-Dynastie im Jahr 1694 gebaut, im Jahr 1725 den Namen Yung-Ho-Gung-Palast gegeben und im Jahr 1744 einen Lamatempel gebaut. Seitdem bekam er den Namen Yung-Ho-Gung-Lamatempel. Die stehende Nile-Buddhafigur aus Holz ist eine der höchsten Holzbuddhafiguren Chinas.

La Lamasería de Yonghe (Eterna Armonía)

Fue construida en 1694, durante el reinado de Kang Xi de la dinastía Ming. Fue al comienzo la residencia de Yin cuando era principe heredero. En 1725, durante el reinado de Yong Zheng, pasó a funcionar como palacio. En 1744, durante el reinado de Qian Long, comenzó a servir como lamasería. La estatua de pie de Maitreya, esculpida en un enorme tronco de sándalo, figura entre los mayores estatutas de Buda de China

Palazzo dell'Eterna Armonia

Costruito nel 1694, era l'abitazione dell'erede al trono dell'imperatore Kangxi. Dopo che costui ebbe assunto a sua volta la successione al trono con il nome di Yongzheng, nel 1725, il palazzo, venne trasformato e utilizzato solo come tempio. Nel Padiglione delle Diecimila Felicità si erge la statua di Maitreya eretto scolpita in legno di sandalo.

옹화궁

청(淸)대 강희 33년(1694)에 건조되었다. 윤(胤)이 황태자로 있을 때에는 이곳을 저택으로 삼았다가 옹정 3년(1725)에 옹화궁으로 개칭했으며 건륭 9년(1744)에는 이곳에다 라마묘를 세웠다. 옹화궁의 만신각내에는 단향목으로 조각한 미륵불 입상이 모셔져 있는데 중국 최대 목조불상의 하나이다.

①

① 牌 楼
Archway
牌楼
Le portique.
Prachtbogen
Pórtico de Honor
Portale d'onore
패루

② 雍和宮鸟瞰
Bird's-eye view of the Lamasery of Harmony and Peace
雍和宮鳥瞰
Vue aérienne du Palais de l'Eternelle Harmonie.
Aus dem Vogelschau gesehener
  Yung-Ho-Gung-Lamatempel
Vista panorámica de la Lamasería Yonghe
  (Armonía Eterna)
Il Palazzo dell'Eterna Armonia visto dall'alto
옹화궁 조감

雍和宫弥勒佛站像
Standing Statue of the Maitreya Buddha
弥勒仏立像
La statue en pied de Maitreya.
Stehende Buddhafigur Nile
Estatua de pie de Maitreya
Statua di Maitreya eretto
미륵불 입상

大钟寺

大钟寺位于北三环路北侧。寺内有一口明永乐大钟,重达46.5吨。大钟上铸有佛教经文。

Big Bell Temple

The Big Bell Temple is located in the western section of the Third North Ring Road. A 46.5-ton Yongle Big Bell can be found inside the temple.

大鐘寺

大鐘寺は北三環の北側にある。寺内にある名高い永楽大鐘は、重さ46.5 t。

Le Temple de la Grande Cloche

Le Temple de la Grande Cloche (Dazhongsi) est situé sur le côté nord du tronçon nord du périphérique N° 3. Il abrite une grande cloche en bronze, dite de Yongle, pesant 46,5 t.

Glockentempel

Der Glockentempel liegt an nördlicher Seite der Ringstraße Nr. 3. In dem Tempel gibt es eine 46,5 Tonnen schwere Glocke mit dem Namen Yongle.

El Templo Dazhong

Se encuentra al lado septentrional de la avenida periférica norte. En el Templo, hay una campana bautizada "Yongle" (Eterna Alegría). Pesa 46,5 ton.

Tempio della Grande Campana

Situato nel quartiere occidentale di Haidian, il Tempio della Grande Campana raccoglie la campana Yongle, pesante 46,5 tonnellate.

대 종 사

북삼환도로 북쪽켠에 위치, 사내에 있는 영락대종의 무게는 무려 46.5톤에 달한다.

① 孔庙内的孔子像
A Statue of Confucius
孔子廟の孔子像
Image de Confucius dans le Temple de Confucius.
Die Statue von Konfuzius
Estatua de Confucio en el Templo de Confucio
Il ritratto di Confucio nel tempio di Confucio
공자묘안의 공자상

② 进士题名碑
Stone tablets inscribed with the names of
 Confucius' disciples
石碑に刻まれた科挙合格者の名薄
Stèles portant les noms des lettrés du troisième
 grade conféré lors des examens impériaux.
Denkstein mit eigenhändigen Unterschriften
 der *Jinshi*
Estelas con inscripciones hechas por literatos
Stele recanti incisi i nomi di coloro che avevano
 superato gli esami statali
진사 제명비

③ 大成殿内景
Inside the Hall of Great Achievements
大成殿の室内
Vue intérieure de la Salle Dacheng.
Innenbild der Halle Dacheng
Interior del Palacio Dacheng
Interno del Dachengdian
대성전 내부

④ 孔庙
Temple of Confucius
孔子廟
Le Temple de Confucius
Der Konfuziustempel
Templo de Confucio
Tempio di Confucio
공자묘

古观象台

古观象台位于东城区建国门立交桥西南隅。明正统七年（1442）创建。古观象台上置有大型铜铸天文仪器。

Ancient Astronomical Observatory

The Ancient Astronomical Observatory was built in 1442, during the seventh year of Ming Dynasty Emperor Zhengtong. A large telescope can be found there.

古代天文台

古代天文台は明の正統七年（1442）に創建された。そこには大型の銅製の天文器材が置かれている。

L'ancien observatoire astronomique

L'ancien observatoire astronomique fut construit en l'an 7 du règne Zhengtong de la dynastie des Ming (1442). Sur cet observatoire sont installés des instruments d'observation astronomique de dimension considérable.

Die alte Sternwarte

Die alte Sternwarte wurde im Jahr 1442 gebaut. Auf der Sternwarte sind große astronomische Geräte aufzustellen.

El Observatorio Astronómico

Fue establecido en 1442, durante el reinado de Zheng Tong, de la dinastía Ming. En él se puede ver una gran esfera armilar de bronce y otros instrumentos astronómicos.

Antico Osservatorio astronomico

Fondato nel 1442, nell'Osservatorio astronomico si raccolgono vari generi di strumenti astronomici in bronzo di grandi dimensioni.

고관상대

명(明)대 정통 7년(1442)에 건조했다. 대위에는 구리로 주조한 대형 천문의기 설치되어 있다.

古观象台全景
Ancient Astronomical Observatory
古代天文台全景
Vue panoramique de l'ancien observatoire astronomique.
Blick auf die alte Sternwarte
Observatorio Astronómico
Veduta dell'antico Osservatorio astronomico
고관상대 전경

天球仪
Celestial Globe
天球儀
Globe céleste.
Himmelsglobus
Esfera armilar
Volta celeste
천구의

潭柘寺

潭柘寺距市区40多千米。始建于晋代（265—317），是北京寺庙中最古老的一座。

Tanzhe Temple

Located 40 km away from the city, the Tanzhe Temple was first built during the Jin Dynasty (265-317), and is the oldest temple in Beijing.

潭柘寺

潭柘寺は市区から40km離れたところにある。晋代（265—317）に創建され、北京の寺院では最も古いものである。

Le Temple de la Mare et du Mûrier

Le Temple de la Mare et du Mûrier (Tanzhesi) est situé à 40 km de la ville de Beijing. Construit sous la dynastie des Jin (265-317), c'est le plus ancien des temples de Beijing.

Der Tanzhe-Tempel

Der Tanzhe-Tempel, 40 Kilometer weit vom Stadtgebiet entfernt, wurde in der Jin-Dynastie (265 – 317) gebaut, ist der älteste der Tempel in Beijing.

El Templo Tanzhe

Está ubicado a 40 km de la zona urbana. Construido durante la dinastía Jin (265—317). Es el más antiguo entre los templos existentes en Beijing.

Tanzhesi

Questo imponente santuario si trova nel distretto di Mentougou, a una distanza di 40 km dal centro della città. L'inizio della costruzione risale agli anni fra il 265 il 317. È uno dei più antichi templi della Cina.

담자사

시구에서 40여km 떨어져 있다. 진(晉)대(265-317)에 건조된 담자사는 북경의 사원 중에서 제일 오랜 사원이다.

① 潭柘寺外景
Outside the Tanzhe Temple
潭柘寺外観
Vue extérieure du Le Temple de la Mare et du Mûrier.
Außenbild des Tanzhe-Tempels
Vista exterior del Templo Tanzhe
Esterno del Tanzhesi
담자사 경치

② 帝王树
Imperial Tree
帝王樹
Ginkgo millénaire, baptisé "Empereur des arbres".
Baum mit dem Namen Diwang
Arbol del Emperador
"Albero imperiale"
제왕나무

③ 大雄宝殿　　　　Die Halle Daxong
Mahavira Hall　　　Palacio Daxiong
大雄宝殿　　　　　Daxiongbaodian
La Salle de Mahavira.　대웅보전

戒台寺

戒台寺距市区 35 千米。建于唐武德五年（622），以拥有全国最大的一座佛教戒坛而久负盛名。

Jietai Temple

Located 35 km away from the city proper, the Jietai Temple was built during the fifth year of the Tang Dynasty Emperor Wude (622). It is famous all over the country for its largest Buddhist altar.

戒台寺

戒台寺は市区から35kmを離れたところにある。唐の武徳五年 (622) に建てられた。全国では最大の仏教戒壇が設けていることで早くから知られてきた。

Le Temple de la Terrasse d'ordination

Le Temple de la Terrasse d'ordination (Jietaisi) est situé à 35 km de la ville de Beijing. Construit en l'an 5 du règne Wude de la dynastie des Tang (622), il est surtout connu pour son tertre d'ordination bouddhique qui est le plus grand en son genre en Chine.

Der Jietai-Tempel

Der Jietai-Tempel, 35 Kilometer weit vom Stadtgebiet entfernt, wurde im Jahr 622 gebaut. Er verfügt über der größte Altar Chinas.

El Templo Jietai

Dista 35 km de la zona urbana. Fue construido en el año 622, bajo el reinado de Wu De, de la dinastía Tang (618-907). Goza de gran celebridad por poseer el Altar de la Abstinencia más grande de China.

Jietaisi

Si trova 35 km a ovest di Beijing. Eretto nel 622, è uno dei più antichi templi della Cina.

계 대 사

시구에서 35km 떨어져 있다. 당(唐)대 무덕 5년(622)에 건조된 계대사는 전국 최대의 불교 계단을 보유하고 있어 유명하다.

戒坛
Ordination Terrace
戒壇
Le Tertre d'ordination.
Altar
Altar de la Abstinencia
Terrazza in pietra dove avevano luogo le ordinazioni dei monaci
계단

戒台寺
Jietai Temple (Temple of the Ordination Altar)
戒台寺
Le Temple de la Terrasse d'ordination
Jietai-Tempel
Templo Jietai
Jietaisi
계대사

卧佛寺外景
Outside the Wofo Temple
卧仏寺外観
Vue extérieure du Temple du Bouddha couché.
Außenbild des Wofo-Tempels
Vista exterior del Templo del Buda Yacente
Esterno del Tempio del Buddha Dormiente
와불사

铜卧佛
Bronze Reclining Buddha
銅製卧仏
Bouddha couché en bronze.
Der Schlafende Bronzebuddha
Buda yacente de bronce
Il Buddha Dormiente in bronzo
구리 와불

五百罗汉堂
Hall of the 500 Immortals
五百羅漢堂
La Salle des Cinq Cents Arhats.
Die Halle mit 500 Lohan
Sala de los 500 Arhates
Padiglione dei Cinquecento Luohan
오백 나한당

碧云寺牌坊
Archway of the Biyun Temple
碧雲寺牌坊
Portique du Temple des Nuages bleutés.
Ehrenbogen
Arco de Honor del Templo de las Nuebes Azules
Portale d'onore del Tempio delle Nuvole Azzurre
벽운사 패방

法海寺

法海寺内最珍贵的，是大雄宝殿内保存完好的明代壁画，距今已有五百多年历史。

Fahai Temple

The Ming Dynasty murals are the treasures found in the Fahai Temple. They date back to more than 500 years and have remained intact in the Mahavira Hall.

法海寺

法海寺の最も珍しいものは、大雄宝殿内に完璧に保存された明代の壁画で、今はすでに500年余りの歴史を持っている。

Le Temple de la Mer de la Loi

Le plus précieux à l'intérieur de ce temple est constitué par les fresques de la Salle de Mahavira, réalisées il y a plus de 500 ans sous les Ming, encore en bon état de nos jours.

Der Fahai-Tempel

Die in der Halle Daxong vom Fahai-Tempel gut erhaltenen Wandmalereien sind wertvoll. Sie wurden in der Ming-Zeit geschaffen.

El Templo Fahai

Lo más precioso de este Templo es una pintura al fresco de la dinastía Ming que se halla en buen estado de conservación en el Palacio Daxiong. Ya tiene más de 500 años de antigüedad.

Fahaisi (Tempio buddista)

Il tempio è di grande importanza per le sue pitture murali di epoca Ming.

법 해 사

대웅·보전안에 완전하게 보전된 명대 벽화는 법해사에서 제일 귀중한 문화재로서 거금 500여년의 역사를 지니고 있다.

壁 画
Murals
壁画
Fresques.
Wandmalereien
Pintura al fresco
Pitture murali
벽화

法海寺
Fahai Temple
法海寺
Le Temple de la Mer de la Loi
Fahai-Tempel
Templo Fahai
Tempio di Buddha
법 해 사

①、②
白云观
Baiyun Temple (White Cloud Temple)
白雲観
Le Temple des Nuages blancs
Der Taoistische Tempel Baiyun
Templo Baiyun
Tempio della Nuvola Bianca
백운관

③大覚寺
Dajue Temple (Temple of Enlightenment)
大覚寺
Le Temple du Grand Réveil
Der Dajuo-Tempel
Templo Dajue
Tempio Dajuesi
대각사

① 大宁寺
Tianning Temple (Temple of Heavenly Peace)
天寧寺
Le Temple de la Sérénité céleste
Der Tianning-Tempel
Templo Tianning
Tempio Tianningsi
천녕사

② 妙应寺白塔
The White Dagoba at the Temple of Divine Response
妙応寺白塔
Dagoba du temple Miaoying
Weiße Pagode im Miaoying-Tempel
Pagota Blanca del Templo Baita
Dagoba Bianco del Tempio Miaoying
묘응사 백탑

③、④ 云居寺
Yunju Temple
雲居寺
Le Temple Yunju
Der Yunju-Tempel
Templo Yunju
Tempio Yunjusi
운거사

卢沟桥

卢沟桥位于距市区15千米的永定河上。建于金大定二十九年（1189）。为一多孔联拱石桥。桥两边望柱上雕刻有形态各异的石狮子。

卢沟桥
Lugou Bridge (Marco Polo Bridge)
盧溝橋
Le Pont Lugou

Lugouqiao Bridge (Marco Polo Bridge)

The Lugouqiao Bridge is located on the Yongding River, 15 km away from Beijing. Built in the 29th year of the Jin Dynasty Emperor Dading in 1189, it is a multiple arch stone bridge.

Lugou-Brücke
Puente Lugou (Marco Polo)
Ponte Marco Polo
노구교

盧溝橋

盧溝橋は市区から15km離れた永定河に架けられている。金の大定二十九年(1189)に築かれ、多孔に支えられたアーチ橋。

Le Pont Lugou

Le Pont Lugou enjambe la rivière Yongding à 15 km au sud-ouest de la ville de Beijing. Construit en l'an 29 du règne Dading de la dynastie des Jin (1189), c'est un pont de pierre à multiples arches.

Die Lugou-Brücke

Die Logou-Brücke liegt über dem Yongding-Fluß, 15 Kilometer weit vom Stadtgebiet entfernt. Sie wurde im Jahr 1189 gebaut, ist eine Steinbrücke.

El Puente Lugou (Marco Polo)

Es un puente de piedra con arcos sobre el río Yongding. Fue tendido en el año 1189, durante el reinado de Da Ding de la dinastía Jin (1115-1234).

Ponte Marco Polo

Il ponte Marco Polo si trova nella parte sudoccidentale della capitale, a 15 km dal centro, e attraversa il fiume Yongding. Il ponte, in pietra, fu costruito nel 1189.

노구교

시구에서 15km 떨어진 영정하에 놓여 있다. 금(金)대 대정 29년(1189)에 건설된 이 다리는 다공 아치형 서교이다.

八大処一景
A Corner of Badachu
八大処風景
Une vue des Huit Grands Sites.
Eine Szene der Acht Sehenswürdigkeiten auf den Westbergen
Parque Badachu
Uno degli Otto Grandi Siti
팔대처 경치

八大処灵光寺砖塔
Brick Pagoda at Badachu
八大処霊光寺煉瓦塔
La pagode en brique du Temple de la Lumière divine aux
  Huit Grands Sites.
Die Pagode aus Ziegelstein im Lingguang-Tempel
Pagoda de ladrillos del Templo Lingguang
Otto Grandi Siti e Pagoda del Tempio della luce Divina
팔대처 영광사 벽돌탑

昌平区银山塔林
Silvery Mountain and Pagodas Forest in
  Changping District
昌平区銀山塔林
La Forêt de pagodes des monts Yinshan dans
  l'arrondissement de Changping.
Blick auf den Pagodenwald
Bosque de stupas de Yinshan en el distrito de
  Changping
La foresta di pagode a Yinshan nel distretto
  di Changping
창평구 은산 탑림

北京园林

园林是由建筑、山水、花木等组合而成的综合艺术品，富有诗情画意。北京的园林有自己的独特风格。其中，古典园林代表着中国几千年优秀的造园传统；而现代园林，更是在数量、品类上，做到了大中小结合，各具特色。

北京の園林

園林は建築、山水、樹木などからなる総合的な芸術品で、詩情に富んだ立体絵画である。北京の園林は独特の風格を持っている。うち、古典園林は、中国数千年の優れた造園伝統を代表する一方、現代園林は、数量にしろう種類にしろう自らのスタイルを主張している。

Gärten

Der Garten besteht aus den Bauten, Bergen, dem Wasser, Blumen und Bäumen, ist ein umfassender Kunstgegenstand. Beijings Gärten haben eigenartigen Charakter. In Beijing kann man alte und moderne Gärten.

Giardini

Il giardino è un luogo dove vengono disposti artisticamente l'elemento acquatico e la montagna, piante e fiori. I giardini cinesi vantano uno stile proprio assai caratteristico. Quelli classici rappresentano la millenaria tradizione della Cina, mentre quelli moderni sono stupendi esempi.

Gardens

Gardens are vast artistic objects including buildings, mountains and lakes, as well as flowers and plants, and evoking poetic sentiments. Beijing's gardens have unique features. Classic gardens represent China's excellent gardening traditions, which date back thousands of years, and its modern gardens are both big and small.

Les jardins

Le jardin paysager composé d'édifices, de collines, de plans d'eau, d'arbres et de fleurs est une création artistique synthétique riche en poésie. Les jardins de Beijing ont leur propre style. Ses jardins anciens traduisent bien la grande tradition jardinière vieille de plusieurs millénaires en Chine, tandis que ses jardins modernes de dimension plus ou moins grande présentent un style diversifié.

Jardines

Un jardín compuesto generalmente de edificios, colinas artificiales, arroyos, árboles y flores ornamentales, es una obra artística, todo una pintura y poema. Y los jardines clásicos existentes representan el milenario arte de los jardines, mientras que los jardines modernos son de diversos géneros y de tamaño grande, mediano o pequeño, cada uno tiene sus particulares estilos.

북경의 원림

원림은 건축·산수·화목 등으로 구성된 종합적 예술품으로서 시적 정취와 그림같은 경지를 자아낸다. 북경의 원림은 저마다 독특한 풍격을 지니고 있다. 고전 원림은 수천년을 내려온 우수한 조원 전통을 지니며 현대 원림은 수량과 종류에서 대·중·소 규모를 결합하고 각기 다른 특징을 지니고 있다.

北海公园·团城

北海公园位于市中心。以灵山（琼华岛）、秀水（北海）、白塔而著称的皇家御园。琼华岛上的白塔，始建于1651年，塔高35.9米，塔基为砖石须弥座。园内殿阁林立，湖水游廊相联，是夏日泛舟、冬日溜冰的好去处。公园南门西侧的团城，是明、清两朝皇家园林西苑的组成部分之一。城台顶面的主要建筑有承光殿、玉瓮亭、敬跻堂。

北海公園·团城

北海公園は市区の中心にある。聖なる山（瓊華島）、美しい湖（北海）と白塔でよく知られる。公園には、楼閣が多くあり、湖畔に廊下が連なる。夏にボートを漕ぐ、冬にスケートをする絶好のところだ。公園南門の西側にある团城は、明・清時代の皇室園林である西苑の一部だった。

Der Beihai-Park und der Tuancheng-Garten

Der Park Beihai im Stadtgebiet besteht aus der Insel Lingshan dem See Beihai und der Weißpagode Baita. Er war in der Ming- und Qing-Zeit ein kaiserlicher Garten.

Die Weißpagode, 35, 9 Meter hoch, Wurde im Jahr 1651 gebaut.

Parco Beihai e Città Rotonda

Il Parco Beihai (mare del nord) si trova al centro della città di Beijing. Il parco è diventato la meta prediletta degli abitanti oltre per la sua storia anche per la collina Ling (Qionghuadao), il lago Beihai e il dagoba bianco. Vi sorgono numerosi padiglioni e sale, gallerie e laghi dalle limpide acque dove si può andare in barca d'estate e pattinare in inverno. Sul lato occidentale della porta meridionale del parco è situata la Città Rotonda, un componente importante dei giardini imperiali durante le dinastie Ming e Qing.

Beihai Park ·Circular Wall

Located in the heart of downtown Beijing, Beihai Park is known for its Qionghua Islet, Beihai Lake and White Pagoda. It is the best place to go boating in summer and skiing in winter. The Circular Wall on the west side of the southern gate was part of the royal garden of the Ming and Qing dynasties.

Le Parc Beihai et la Cité ronde

Situé au centre-ville de Beijing, le Parc Beihai est surtout connu pour sa merveilleuse montagne (île Qionghua), son eau limpide (lac du Nord) et son dagoba blanc. Avec des salles et pavillons disséminés çà et là, un vaste plan d'eau et des galeries couvertes reliées les unes aux autres, le Parc Beihai permet de pagayer en été et de patiner en hiver. La Cité ronde sur le côté ouest de la porte du Sud du Parc faisait partie du Jardin impérial de l'Ouest des dynasties des Ming et des Qing.

El Parque Beihai y la Ciudad Redonda

Situado en el centro de la ciudad, el Parque Beihai goza de fama por su colina Lingshan (es llamada también Isla Qiongdao), su Stupa Blanca y su Beihai (Mar Septenrional). En el Parque se levantan muchos palacios y pabellones. Las galerías se prolongan al borde de las aguas lacustres. El Parque es un lugar ideal para pasear en bote en verano y para patinar sobre el hielo en invierno.

Al lado oeste de la puerta sur del Parque está la Ciudad Redonda, formaba, bajo los Ming y Qing, parte del Jardin Imperial Xiyuan.

북해공원·단성

도심에 위치, 영산(경화도)·수수(북해)·백탑으로 유명하다. 원내에는 전각이 임립하고 호수와 유랑이 서로 이어져 있어 여름철의 뱃놀이와 겨울철의 스케이팅의 좋은 장소이다. 공원 남문 서쪽에 있는 단성은 명(明)·청(淸)대의 황실원림 서원의 한 구성부분이었다.

北海九龙壁
Nine-Dragon Wall
北海九龍壁
L'Ecran aux neuf dragons dans le Parc Beihai.
Die Neun-Drachen-Mauer im Beihai-Park
Muro de los Nueve Dragones
Muro dei Nove Draghi
북해 구룡벽

北海公园
Beihai Park
北海公園
Le Parc Beihai
Beihai-Park
Parque Beihai
Parco Beihai e Città Rotonda
북해공원

团城大玉佛
Big Jade Buddha of the Circular Wall
团城大玉仏
Le Grand Bouddha en jade de la Cité ronde.
Der Jadebuddha im Tuancheng-Garten
Estatua de Jade de Buda en la Ciudad Redonda
Buddha assiso nella Città Rotonda
단성 대옥불

北海·团城
Beihai Park   Circular Wall
北海·团城
Le Parc Beihai et la Cité ronde
Der Beihai-Park und der Tuancheng-Garten
Parque Beihai   Ciudad Redonda
Parco Beihai e Città Rotonda
북해·단성

① 北海五龙亭
Five-Dragon Pavilion at Beihai Park
北海五龍亭
Les Cinq Kiosque-Dragons du Parc Beihai.
Der Fünf-Drachen-Pavillon im Beihai-Park
Cinco Quioscos del Dragón del Parque de Beihai
Padiglione dei Cinque Draghi nel Parco Beihai
북해 오룡정

② 北海静心斋
Jingxinzhai (Tranquil Heart Study)
北海静心斋
Le Jardin de la Tranquillité d'âme dans la Parc Beihai.
Das Haus Jingxin im Beihai-Park
Pabellón Jingxin
Sala della Tranquillità nel Parco Beihai
북해 정심재

③ 北海琼岛春阴碑
Chunyin Tablet Qiong Islet at Beihai Park
北海瓊島春陰碑
La stèle Chunyin sur l'île Qionghua dans le Parc Beihai.
Der Chunyin-Gedenkstein im Beihai-Park
Estela Chunyin (Sombra Primaveral) en la isla Qiongdao
Stele Chunying a Qiongdao nel Parco Beihai
북해 경도의 춘음비

圆明园遗址公园

圆明园遗址公园占地353公顷，建于清代1709年，原是一座宏伟的皇家御苑。1860年遭英法联军焚毁。而今只留下一片废墟和部分石制品。

Ruins of the Yuanming-yuan Garden

Covering 353 hectares, the Ruins of the Yuanmingyuan Garden were built in 1709 in the Qing Dynasty. In 1860, it was a magnificent imperial garden, but was damaged by the English and French Allied Armies.

円明園遺跡公園

円明園遺跡公園は、敷地面積353ha。清代の1709年に建てられ、規模雄大な皇帝の安在所であった。1860年に英・仏連軍に焼き払われた。

Le Parc sur l'emplacement du Jardin de Perfection et de Clarté

Le Parc sur l'emplacement du Jardin de Perfection et de Clarté (Jardin Yuanmingyuan) s'étend sur 353 ha. Les travaux ayant débuté en 1709 sous les Qing, le Jardin de Perfection et de Clarté était un jardin magnifique impérial. Il fut incendié en 1860 par les forces alliées anglo-françaises.

Der Yuanmingyuan-Park

Der Yuanmingyuan-Park wurde im Jahr 1709 gebaut, nahm eine Fläche 153 ha ein, war ein großer kaiserlicher Garten und wurde im Jahr 1860 von den großbritisch-französischen verbündeten Armeen niedergebrannt. Heute ist allein die Überreste des ehemaligen Parks hinterlassen.

El Parque de las Ruinas de Yuanmingyuan

Con una superficie de 353 hectáreas, el Parque fue construido en 1709, durante la dinastía Qing. Fue un grandioso jardín imperial. Desgraciadamente sólo quedan las ruinas de esta obra de arte, debido a los incendios provocados internacionalmente por el ejército aliado anglo—francés en 1860.

Lo Yuanmingyuan

Lo Yuanmingyuan, che si estende su un'area di 353 ettari, costruito nel 1709, era un maestoso parco imperiale. Venne completamente distrutto nel 1860 dalle truppe anglo-francesi.

원명원유적공원

부지 면적 353헥타르, 청(淸)대 1709년에 건조된 방대한 황실어원이었다. 1860년 영국 프랑스연합군에 의해 타버렸다.

中山公园牌坊
Memorial Archway of Zhongshan Park
中山公園牌坊
Le portique du Parc de Sun Yat-sen.
Ehrenbogen des Zhongshan-Parks
Pórtico Conmemorativo del Parque Sun Yat-sen
Portale d'onore del Parco Sun Yat-sen
중산공원 패방

文化宫太庙
Imperial Ancestral Temple in the Working
　People's Cultural Palace
文化宮太廟
Le Temple des ancêtres impériaux dans le
　Palais culturel des Travailleurs.
Der Taimiao-Tempel im Kulturpalast der
　Werktätigen
Templo Imperial del Palacio Cultural
Tempio degli Antenati Imperiali nel
　Parco della Cultura del Popolo
문화궁 태묘

景山公园
Jingshan Park
景山公園
Le Parc de la Colline du Charbon.
Der Jingshan-Park
Parque de la Colina de Carbón
Parco della Collina di carbone
경신공원

①、② 大观园
Grand View Garden
大観園
Le Jardin de la Grande Vision.
Der Daguanyuan-Park
Jardín de las Grandes Perspectivas
Parco del Grande Panorama
대관원

① 陶然亭公园
Taoranting Park
陶然亭公園
Le Parc du Pavillon de la Joie.
Der Taoranting-Park
Parque Taoranting
Parco del Padiglione della Gioia
도연정공원

②、③ 恭王府
Mansion of Prince Gong
恭王府
La Résidence du prince Gong.
Die Residenz des Prinzes Mu
Residencia del Rey Gong
Gongwangfu (residenza del
  principe Gong)
공왕부

①、② 北京世界公园
Beijing World Park
北京世界公園
Le Parc mondial de Beijing.
Der Beijing-Weltpark
Parque Mundial de Beijing
Parco mondiale di Beijing
북경 세계공원

③、④ 中华民族园
Garden of Chinese Nationalities
中華民族園
Le Jardin des Ethnies chinoises.
Der Nationalitäten-Park
Parque de las Nacionalidades Chinas
Parco delle minoranze cinesi
중화민족원

① 香山公园
Xiangshan Park
香山公園
Le Parc des Collines parfumées.
Der Xiangshan-Park
Parque de la Colina Perfumada
Parco delle Colline Profumate
향산공원

② 双清别墅
Shuangqing Villa
双清別荘
La Villa de la Double Limpidité.
Die Shuangqing-Villa
Quinta Shuangqing
Villa Shuangqing (due purezze)
쌍청별장

③ 香山饭店
Xiangshan Hotel
香山飯店
Hôtel des Collines parfumées.
Das Xiangshan-Restaurant
Hotel de la Colina Perfumada
Hotel Xiangshan (colline profumate)
향산호텔

郊野风光

北京，除了皇家的宫殿园林等众多古迹外，还有峰峦奇峻的山岳，蜿蜒曲折的河川，以及峡谷、溶洞、飞瀑、草原供人游览。

近些年来，在绿色旅游的带动下，许多森林公园，如灵山、百花山、蟒山、云蒙山、神堂峪等，以它苍莽幽深、野趣天然、清荫蔽日、农舍休闲的特色，成为人们避暑探险的胜地。

位于房山区的十渡，一溪弯湾，层峦叠嶂，奇异的山峰，近重远淡，如玉簪耸立，被誉为北国的桂林山水。

延庆县北部山峦中的龙庆峡，既似福建武夷山九曲溪，又像桂林漓江美景。冬季，这里的冰灯游览会，更叫旅游者不用远涉北国，便可流连于水晶宫殿的仙境了。

平谷的京东大峡谷，谷内移步异景。不断带给人以新的感受。春，可以赏山花烂漫；夏，可以观峰峦叠翠；秋，可以览层林尽染；冬，可以看冰雪、冰川、冰瀑、冰花，令人耳目一新。

另外，位于密云县四合堂乡内的天仙瀑，有大小瀑布8处。冬天，结了冰的瀑布，又变成壮观的冰瀑。距北京55千米，位于房山区的石花洞，洞内满布奇特的石花、石笋、石钟乳，神秘而又充满幻觉。近些年来，北京郊野的好风光、新景点，如京东大峡谷、白羊沟、京都第一瀑、雁西湖等，正被不断开发，受到游人青睐，那里着实另有一番情趣让您领略。

Scenic Spots on the Outskirts of Beijing

In addition to imperial palace, parks and many historical sites, Beijing also has mountains and winding rivers, as well as valleys, caves, waterfalls and grassland.

In recent years, propelled by green tourism, many forest parks, such as Lingshan, Baihuashan, Mangshan, Yunmengshan, Shentangyu, have emerged. They are good places for people to visit and explore.

Shidu, or the Ten Crossings, located in Fangshan District, is filled with sparkling streams and is praised as the Guilin Mountains and Waters in the north.

The Longqingxia Gorge in the northern mountain ranges of Yanqing County resembles the beautiful scenery of Guilin and the Lijiang River. In winter, its ice lantern fair makes visitors feel they are entering a crystal palace-like fairy land.

Jingdong Grand Valley in Pinggu features peculiar scenery. You can enjoy the beautiful mountain flowers in spring, green mountain peaks in summer, red leaves in autumn and ice, snow, glaciers, ice waterfall and ice flowers in winter.

In addition, the Tianxian Waterfall in the Sihetang Township, Miyun County, has eight large and small waterfalls. The Stone Flower Cave in Fangshan District, 55 km from Beijing, is full of peculiar and unique stone flowers, stalactites, stalagmites.

In recent years, enchanting scenery and new scenic spots such as the Jingdong Grant Valley, the Baiyanggou, the Jingdu No.1 Waterfall, and the Yanxihu Lake are being developed. They have aroused people's interest, and thus are well received.

郊外にある景勝区

　北京には、皇室の宮殿や園林など数多くの古跡のほか、険しい山、延々と曲がりくねった河川及び峡谷、鍾乳洞、瀑布、草原もある。

　ここ数年、グリーンツアーのブームに従って、霊山、百花山、蟒山、雲蒙山、神堂峪など多くの森林公園は、その奥深さ、オリジナル特色で人々を惹きつけ、新しい避暑や探険の勝地となった。

　房山区にある十渡風景区は、渓流が曲がりくねって流れており、両岸の懸崖絶壁が聳え立ち、北国の桂林として誉れ高い。

　延慶県北部の山にある龍慶峡は、桂林の漓江風景を思わせるほど美しい。冬になると、ここで行われる氷灯遊覧会は、観光者に水晶宮殿にもくるような感じを与える。

　平谷県にある京東大峡谷は、ちょっと歩くと景色も変ってくる。春になると、山一面に野花が咲き乱される。夏は、鬱蒼とした緑が山々を覆われてしまう。秋の山は真っ赤に染められ、紅葉狩に絶好のところ。冬の氷河、氷滝、樹氷などはこの上なく大峡谷の美しい雪景色を作り出す。

　密雲県四合堂郷にある天仙瀑布は、大小8ヵ所の滝がある。北京から55㎞離れた房山区の石花洞には、奇妙な石筍、鍾乳石が満遍なくある。ここ数年、北京郊外にある京東大峡谷、白羊溝、京都第一瀑布、雁西湖などの新しい観光スポットは、開発が続けられ、ますます多くの観光客を惹きつけている。

Les sites aux environs de Beijing

En plus des palais et jardins impériaux, Beijing compte également des montagnes à pic, des cours d'eau qui serpentent, des vallées, des cascades, des grottes et des prairies.

Au cours de ces dernières années, grâce au développement du tourisme écologique, beaucoup de parcs forestiers, comme ceux des monts Lingshan, des monts aux Cent Fleurs (Baihuashan), des monts Mangshan, des monts Yunmeng et des monts Shentangyu, qui, loin de la ville, offrent des paysages sauvages, sont devenus de hauts lieux pour fuir la chaleur de l'été ou partir à l'aventure.

La zone touristique des Dix Embarcadères (Shidu) dans l'arrondissement de Fangshan, traversée par une rivière serpentant entre les hautes montagnes, rivalise de beauté avec les paysages de Guilin dans le Guangxi.

La gorge Longqing dans les monts du nord du district de Yanqing offre un paysage aussi beau que celui de la rivière Lijiang à Guilin. En hiver, les sculptures sur glace éclairées par les lumières multicolores forment un monde cristallin et féerique.

Le canyon de l'Est de Beijing dans le district de Pinggu offre un paysage très varié. On peut y admirer des fleurs épanouies au printemps, des monts verdoyants en été, des forêts au feuillage bigarré en automne, des glaces sous leurs différents aspects en hiver : glacier, cascade gelée, chandelles de glace, blocs de glace évoquant toutes sortes de fleurs...

Par ailleurs, la cascade des Fées dans le canton de Sihetang dans le district de Miyun comprend huit chutes d'eau. La grotte des Fleurs de pierre (Shihuadong) dans l'arrondissement de Fangshan, à 55 km de Beijing renferme d'innombrables fleurs de pierre, stalagmites et stalactites. Ces dernières années, les nouveaux sites pittoresques aux environs de Beijing tels que le canyon de l'Est de Beijing, la vallée du Mouton blanc (Baiyanggou), la Première Cascade de la Capitale et le lac Yanqi (où vivent des oies sauvages) qui sont en cours d'aménagement, attirent déjà de plus en plus de visiteurs.

Landschaften in der Vorstadt

Im Beijings Vorort liegen verschiedene faszinierende Landschaft wie Berge, Flüsse, Täler, Karsthöhlen, Wasserfällen, Grasländer u.a.

Zum Sommererholungsort gehören die Waldparks wie Lingshan-Berg, Baihua-Berg, Mangshan-Berg, der Yunmeng-Berg und der Shentang-Tal.

Das Landschaftsgebiet Shidu im Bezirk Fangshan wird als „Berge und Wasser in Guilin" bezeichnet.

Die Longqing-Schlucht im Norden des Kreises Yanqin ist schön ganz wie der Lijiang-Fluß in Guilin.

Die Landschaft in der Jingdong-Großschlucht verändern sich mit der Jahreszeit. Im Frühling werden die Berge mit verschiedenfarbenen Blumen bedeckt; im Sommer werden die Berge grün; im Herbst werden grünes Kleid der Berge wieder rotund im Winter verstecken sich die Berge unter weiße Schneeschicht.

Die im Kreis Miyun liegende Tianxian-Wasserfallgruppe besteht aus 8 großen und kleinen Wasserfällen. Die Shihua-Berghöhle im Bezirk Fangshan biet den Touristen eine phantastische unterirdische Welt an. Dazu kommen auch Baiyang-Schlucht, der erste Wasserfall Beijings, der Yanxi-See u.a., die sich eben in der Erschließung befinden.

Bellezas naturales

Además de los numerosos lugares de interés histórico, Beijing posee escarpadas montañas y ríos serpenteantes , cañones profundas, grutas calcáreas, cataratas rugientes y praderas que se extiende hasta el horizonte.

En estos últimos años, el "turismo verde" está en boga, de modo que los parques forestales de las montañas Lingshan, Baihua, Manshan, Yumeng, Shentangyu ya se han abierto como lugares de veraneo y exploración, gracias a sus valles frescos, tranquilos e insondables, y sus grandes bellezas naturales.

Shidu, situado en el término distrital de Fangshan tiene un río sinuoso en cuyas orillas se levantan colinas pintorescas y extrañas, paisaje que recuerda el de Guilin. Por ello, es glorificado "Guilin de la China Septentrional".

La Garganta Longqing, perdida entre las montañas al norte del distrito Yanqing, evoca la amenidad del río Lijiang de Guilin. En invierno, el Festival de Faroles de Hielo que aquí se celebra da a sus visitantes una impresión de que se colocan en el Palacio Cristalino.

El Gran Cañón Jingdu en el distrito Pinggu al este de la ciudad de Beijing, ofrece una gran variedad de paisajes. En primavera, millones de flores compiten en belleza. En verano, se admira el color esmeralda de las cumbres. En otoño, se goza de los colores vistosos y llamativos de los bosquecillos. En invierno, se aprecia un paisaje exótico que componen las nieves e hielos que se presentan bajo la forma de glaciares, cataratas y flores abiertos en plenitud.

También vale la pena mencionar aquí las cataratas Tianxian en el término cantonal de Sihetang, en el distrito Miyun. Son ocho entre grandes y pequeñas. La Cueva Cársica, a 55 km de Beijing, con estalactitas y estalacmitas que recuerdan flores, brotes de bambú, campanas... En estos último años, se han explorados muchos nuevos lugares pintorescos inluidos el Gran Cañón de Jingdong, el valle Baiyang, la primera catarata de Jingdu, el lago Yanxi son muy apreciados hoy por los turistas.

冰灯
Ice lanterns
冰灯
Sculptures de glace lumineuses.
Eislaternen
Esculturas de hielo
Gola Longqing
얼음등

龙庆峡
Longqing Gorge
龍慶峽
La gorge Longqing.
Die Longqing-Schlucht
Garganta Longqing
Lampada ghiacciata
용경협

Paesaggi

Oltre a palazzi e giardini imperiali, Beijing vanta paesaggi di monti, fiumi e laghi, gole, grotte, cascate e prati degni di una visita.

Negli ultimi anni, con lo sviluppo del turismo verde, sono stati aperti al pubblico molti parchi forestali come Lingshan, Baihuashan, Mangshan, Yunmenshan e Shentangyu.

Il paesaggio di Shidu nel distretto di Fangshan è molto bello e ricorda quello di monti e acque di Guilin.

La bellezza della gola Longqing, ubicata nel profondo dei monti a nord del distretto di Yanqing è pari a quella del fiume Lijiang a Guilin. Durante il festival delle lanterne di ghiaccio, che si svolge in inverno, le sculture di ghiaccio creano un affascinante mondo di cristallo che i visitatori non vorrebbero più lasciare.

Il paesaggio della gola Jingdong, ubicata nel distretto di Pinggu, cambia con il susseguirsi delle stagioni: in primavera si possono ammirare i fiori selvatici, in estate, i monti coperti di verde, in autunno, si possono fare escursioni nella foresta e in inverno, godere lo spettacolo offerto dal ghiaccio e dalla neve, dai fiumi e dalle cascate ghiacciati.

Nel distretto di Miyun si trovano otto cascate fra grandi e piccole. Distante 55 chilometri da Beijing si trova la grotta Shihua nel distretto di Fangshan con le sue stalattiti e stalagmiti. Grazie allo sviluppo del turismo negli ultimi anni, sono state aperte località turistiche come la gola Jingdong, la valle Baiyang, la prima cascata Jingdu, il lago Yanxi c molte altre.

교외의 풍광

북경은 황실의 궁전원림을 비롯한 수많은 고적 외에도 산봉이 험준한 산악이며 굽이굽이 흐르는 강하천, 그리고 협곡· 종유동· 폭포· 초원 등이 있어 관광객들을 끈다.

최근에는 녹색 관광의 유행에 따라 영산· 백화산· 망산· 용문· 운몽산· 신당욕 등 많은 삼림공원들이 천연적인 야취와 특색으로 유람객들의 피서와 탐험 승지로 부상했다.

방산구에 위치한 십도는 한줄기의 강물이 굽이굽이 이어진 벼랑을 따라 흐르므로 북국의 계림 산수라 불린다.

연경현 북부의 산속에 자리한 용경협은 계림 이강의 아름다운 경치를 방불케 한다. 겨울에 이곳에서 개최되는 얼음등유람회는 관광객들을 수정궁과도 같은 선경에로 이끌어 간다.

평곡현의 경동대협곡에서는 골짜기마다 각이한 경치를 보게 된다. 봄이면 온 산에 만발한 들꽃을 감상할 수 있고 여름이면 검푸른 녹음에 뒤덮인 산봉을 관상할 수 있으며 가을이면 층층이 물든 단풍을 감상할 수 있고 겨울이면 빙설· 빙하· 얼음폭포· 얼음꽃을 구경할 수 있다.

이밖에 밀운현 사합당향에 위치한 천선폭포는 크고 작은 폭포 여덟 개를 이룬다. 북경서 55km 상거한 방산구의 석화동안에는 기묘한 석화· 석순· 석종유가 수없이 많다. 최근년간 북경의 교외에는 경동대협곡· 백양구· 경도제일 폭포· 안서호 등 새 관광지들이 육속 개발되어 유람객들에게 색다른 정취를 안겨주고 있다.

上方山　　　　Der Shangfang-Berg
Shangfangshan　　Montaña Shangfang
上方山　　　　Shangfangshan
Le mont Shangfang.　상방산

云梯
Yunti Steps
雲梯子
Escalier sur une pente
　　rocheuse abrupte.
Lange Stufenleiter nach oben
Escalera Yunti
Scala Yunti
구름다리

云水洞
Yunshui Cave
雲水洞
La Grotte des Nuages et des Eaux.
Dic Yunshui Berghöhle
Cueva Yunshui
Grotta delle Nuvole e delle acque
운수동

房山区十渡
Ten Crossings in Fangshan District
房山区十渡
Les Dix Embarcadères dans l'arrondissement
 de Fangshan.
Das Landschaftsgebiet Shidu im Bezirk
 Fangshan
Shidu del distrito Fangshan
Shidu nel distretto di Fangshan
방산구 십도

古都新貌

北京，古老而又年轻。

那些数不胜数的名胜古迹，令人流连忘返；而今天的新北京，更令人心驰神往。

漫步王府井，徜徉西单文化广场，品尝中国和世界各地的风味佳肴，实在是人生一大乐趣。

享誉中外的亚洲运动会、第21届世界大学生运动会都曾在这里举行。特别是为迎接2008年奥运会的举办，为实现天蓝、地绿、水清的目标，北京投入了巨大的人力、财力，已取得了显著成效。漫步在北京的街头巷尾，如有着"绿肺"美誉的"皇城根遗址公园"，那葱郁的树木、草坪、花卉给城市增加了生机、色彩；漫步在北京独有的人文景观"胡同"，使人感受到北京久远的历史；而那宽阔的三环路、四环路，纵横交错的大型立交桥，为古都增添了现代化气息。

随着旅游业的发展，一大批造型美观、设备完善、服务一流的星级饭店，在城区拔地而起。

还有那些让人目不暇接的新景点，更是不断涌现。此外，您还可以在北京进行世界文化遗产游、城市观光游、艺术欣赏晚间娱乐游、名人故居游、博物馆游、购物游、美食游、修学游、等等，所有这些，不妨择一而试。

New Face of Beijing

Beijing, old and young.

Those numerous places of historic interests leave an unforgettable impression on people. But today's new Beijing is more charming and attractive.

It is pleasant to roam along Wangfujing Street, stroll around the Xidan Culture Square and taste the foods of China and other parts of the world.

It is in Beijing that the Asian Games and the 21st World Universiade were held. In particular, in order to greet the 2008 Olympic Games, to realize the goal of blue sky, green land and clear water, Beijing has invested a huge amount of manpower and financial resources, achieving tangible progress. Strolling around the streets and lanes of Beijing, such as the Park of Huangchenggen Ruins, one can enjoy the green trees, lawns and flowers which have added vitality and color to the city. Roaming in lanes makes people feel the time-honored history of Beijing. The wide and spacious third and fourth ring roads and the many flyovers all add modern flavor to the ancient city.

With the development of tourism, a great number of star-rated hotels and restaurants have been erected with exquisite designs, completed facilities and best services.

New scenic spots have also been developed one after another, providing a pleasurable feast for the eyes of all visitors. For their enjoyment and education, there are a world cultural heritage tour, city sightseeing tour, artistic appreciation and night entertainment tour, as well as the tours to the places commemorating famous people, the museum tour, shopping tour, eating tour and study tour, etc.

中华世纪坛   Die Zhonghua-Jahrhundertstribüne
Chinese Millennium Altar   Terraza del Siglo de China
中華世紀壇   L'Altare del Secolo
Le Tertre du Siècle de Chine.   중화세기단

変貌しつつある古都

北京の数え切れない名勝旧跡は、人々を魅了させている。今日の新しい北京は、人々が憧れる観光勝地である。

王府井大街、西単文化広場を漫ろ歩いて、中国と世界の美食をほおばることは、人生の大きな楽しみと言えるだろう。

内外に知られるアジア大会、第21回世界大学生大会はここで行われていた。特に、2008年オリンピック大会の開催のために、北京市は青空、緑地、清い川の目標に目指して巨大な人力、財力を投入し、すでに著しい成果を収めた。北京街頭の「都市のグリーン肺」と誇る「皇城根遺跡公園」を散策すると、緑の樹木や芝生、花卉は都市に生気を与え、街を彩った。ユニークな人文景観「胡同（横町）」を漫ろ歩くと、北京の古い歴史を肌で感じることができる。市区を囲む三環路（環状道路）、四環路、縦横に交じる大型の立体交差は、古都に現代化な息吹をもたらした。

観光業の発展につれて、外観が美しく設備が整い、サービスが行き届いた渉外ホテルは続々と建てられている。

新しい観光スポットは絶えずに開発されている。北京では、世界文化遺産の観光、古都観光、芸術観賞の夕べ、名人故居の観光、博物館見学、ショッピングツアー、美食ツアー、修学観光などを楽しむことができる。

Les nouveaux aspects de Beijing

Beijing est une ville à la fois vieille et jeune.

Les nombreux sites célèbres et monuments historiques de Beijing captivent tellement les visiteurs qu'ils oublient souvent le reste. Pourtant, le nouveau Beijing d'aujourd'hui plonge également les gens dans une rêverie délicieuse.

Se promener dans la rue Wangfujing, traîner sur la place de la Culture de Xidan ou déguster des spécialités chinoises ou étrangères est vraiment une réjouissance pour les gens.

Les Jeux asiatiques et les XXIe Jeux mondiaux universitaires ont eu lieu à Beijing. En vue notamment d'atteindre les objectifs de l'aménagement de l'environnement dits de ''ciel bleu, sol vert et eau claire'' fixés pour les Jeux olympiques de 2008, Beijing a mobilisé d'énormes ressources humaines et financières et ses efforts ont déjà été récompensés par des résultats remarquables.

Les arbres luxuriants, les gazons et les fleurs du Jardin au pied des remparts de l'ancienne cité impériale, qualifié de ''poumon vert'' de la ville, ajoutent à la beauté et au dynamisme de Beijing. La promenade à travers les ruelles, une création propre à Beijing, permettra de mieux connaître la longue histoire de cette ville. Les larges périphériques Nº 3 et Nº 4 et les grands échangeurs aux artères et bretelles entrecroisées sont des marques de modernisation de Beijing.

Avec le développement du tourisme, un grand nombre de magnifiques hôtels avec étoiles, aux équipements complets et offrant des services de qualité s'élèvent dans la zone urbaine.

De nouveaux sites fascinants ne cesse de surgir. A Beijing, vous pouvez faire votre choix parmi les nombreux programmes de tourisme tels que la visite des sites du patrimoine mondial, la visite touristique dans la ville, assister à des représentations artistiques et des divertissements en soirée, la visite des anciennes résidences des personnes influentes, la visite des musées, les achats, la dégustation des spécialités gastronomiques, le voyage d'études, etc.

Neues Aussehen der alten Hauptstadt

Beijing ist auch eine moderne Stadt. Hier gibt es große Geschäftszentren wie Wangfujing und Xidan, schöne Xidan-Kultur-Platz ...

Beijing ist ein Ort, wo die asiatischen Spiele und die 21. Weltstudentenspiele erfolgreich veranstaltet wurden und die Olympischen Spiele vom Jahr 2008 stattfinden wird.

Um Beijing einen blauen Himmel, einen grünen Boden und klares Wasser zu geben, hat die Stadtregierung eine Reihe Maßnahmen zur Regulierung der Umweltverschmutzungsquellen und zur Vergrößerung der Grünanlagen getroffen.

Die erneut ausgebaute Ringstrassen Nummer 3 und Nummer 4 sind breit. Große Kreuzungen mit Unter- und Überführungen sind überall im Stadtgebiet vorkommen.

Mit der schnellen Entwicklung des Tourismus sind eine große Menge Sterne-Hotels mit modernen Einrichtungen und guten Dienstleistungen im Stadtgebiet entstanden.

Beijing ist eine moderne Stadt. Hier kann man moderne Vergnügungszentren, Museen, Theater u.a. sehen.

Antica capitale, nuovo aspetto

Beijing è una città antica ma anche giovane.

I visitatori attratti dagli antichi monumenti provano interesse anche per le spettacolari soluzioni urbanistiche e architettoniche della capitale.

Passeggiare lungo la via Wangfujing e nella piazza culturale a Xidan fa ritrovare la gioia della dimensione umana.

Beijing, che ha già organizzato i Giochi asiatici e i XXI Giochi Universitari, sarà la sede dei Giochi Olimpici del 2008. Per realizzare l'obiettivo di avere cieli azzurri, campi verdi e acque limpide, Beijing si sta impegnando con grande slancio e ingenti risorse finanziarie, ottenendo grandi risultati. Il parco dei resti della Città imperiale, polmone verde della città, è stato ultimato di recente. Gli alberi, i prati e i fiori piantati lungo le strade hanno migliorato l'ambiente di vita della popolazione e aumentano la vitalità della città. Passeggiando fra i tipici vicoli (*hutong*) di Beijing si può rivivere la lunga storia di Beijing. La terza e quarta circonvallazione e gli audaci cavalcavia completano l'aspetto di metropoli moderna della città.

Grazie allo sviluppo turistico, sono sorti numerosi nuovi alberghi modernamente attrezzati.

I visitatori possono scegliere fra vari itinerari: patrimoni culturali mondiali di Beijing, arte di notte, dimore di personaggi famosi, musei, acquisti, gastronomia e studio.

Nuevo aspecto de Beijng

Beijing es antiguo y jóven a la vez.

Los sitios de valor histórico son cautivantes y todo lo nuevo de Beijing es fascinante.

Recorrer la calle Wangfujing, pasear en la Plaza Cultural de Xidan y saborear platillos exquisitos típicamente chinos y foráneos son grandes placeres.

Beijing tuvo honor de ser la sede de los Juegos Asiáticos y la Universiada Mundial XXI. Para organizar con éxito los Juegos Olímpicos 2008, Beijing ha invertido enormes recursos humanos y financieros en la purificación del aire y agua y en la creación de zonas verdes, y ha logrado éxitos notables. Paseando en la ciudad, uno se goza de vistas hermosas que componen los árboles, flores y céspedes, y el Parque Huangchenggen (Ruinas de las Murallas de la Ciudad Imperial), que glorificado como "Pulmones Verdes", es un buen ejemplo. Rercorriendo callejones que revisten gran valor antropológico, uno puede experimentar la milenaria historia de Beijing. Las vastas avenidas periféricas No.3 y No.4 y los pasos a desnivel enfatizan el gran espíritu moderno de Beijing.

Con el desarrollo de la industria turística, han surgido ya un buen número de hoteles clasificados con estrellas, con instalaciones completas y servicios de primera. Al mismo tiempo que se han abierto muchos nuevos puntos de atracción turística.

Además, Ud. puede hacer viajes temáticos, tales como los de patrimonios culturales de importancia mundial, de paseo por la ciudad, espectáculos artísticos, recreación nocturna, visita a residencias de personas célebres, de compras, o participación en un cursillo... Puede usted elegir uno de estos viajes.

옛 도시의 새 모습

옛 도시 북경은 날로 젊어지고 있다. 헤아릴 수 없이 많은 명승 고적들이 관객으로 하여금 발걸음을 돌리기 아쉽게 하지만 오늘의 신 북경 또한 관객들의 이목을 사로잡는다.

왕부정거리를 거닐거나 서단문화광장을 산책하며 전국과 세계 각지의 음식을 맛보는 것은 실로 인생의 큰 낙이 아닐 수 없다.

국내외의 호평을 받았던 아시안게임과 제21회 세계대학생체육대회가 이곳에서 거행되었다. 2008년 올림픽 개최를 앞두고 하늘과 땅을 보다 푸르게 하고 물을 보다 맑게 하기 위해 북경은 거대한 인력과 재력을 투입하여 현저한 성과를 이룩하였다. 북경의 "녹폐"라 불리는 "황성근유적공원"을 거니노라면 무성한 나무와 잔디, 화초들이 도시에 생기와 색채를 더해 주고 있다. 북경 특유의 인문경관으로 꼽히는 "골목"을 거니노라면 북경의 유구한 역사를 실감하게 되고 넓다란 3환도로· 4환도로와 종횡으로 교차된 대형 입체교차교들은 이 옛도시에 현대화의 분위기를 더해 준다.

관광업의 발전에 따라 조형이 아름답고 시설이 완벽하며 서비스가 훌륭한 성급 호텔들이 시구 곳곳에 일어서고 있다.

이밖에 새로운 경관들이 이루 다 돌아볼 수 없이 연이어 생겨나고 있다. 광광객들은 북경에서 세계문화유산관광· 도시관광· 예술감상· 야간유락· 명인고택참관· 박물관견학· 쇼핑관광· 미식상미· 수학관광 등을 마음대로 시험해 볼 수 있다.

北京胡同游
Beijing Lanes Tour
北京の胡同観光
Visite dans une ruelle de Beijing.
Gassenbesichtigung
Paseo por *hutong* (callejones) de Beijing
Gita nei vicoli (*hutong*) di Beijing
북경 골목관광

复兴门夜景
Night Scene at Fuxingmen
復興門夜景
Paysage nocturne près de la porte Fuxingmen.
Fuxingmen bei Nacht
Vista nocturna de Fuxingmen
Fuxingmen di notte
복흥문의 야경

西单文化广场
Xidan Culture Square
西単文化広場
La place de la Culture de Xidan.
Der Kultur-Platz Xidan
Plaza Cultural de Xidan
La Piazza culturale a Xidan
서단문화광장

京城水上游
Capital City Water Tour
北京の水上観光
Promenade en bateau à Beijing.
Stadtbesichtigunh mit dem Boot
Paseo en bote
Gita sulle acque di Beijing
북경 수상관광

北京体育场馆
Beijing Stadiums and Gymnasiums
北京のスタジアム
Stades et palais des sports de Beijing.
Beijings Sportplätze
Estadio y gimnasios de Beijing
La palestra Beijing
북경의 경기장과 체육관

立交桥夜景
Night Scene of Flyover
立体交差の夜景
Paysage nocturne sur un échangeur.
Eine Kreuzung mit Unter- und Überführungen bei Nacht
Vista nocturna de un paso a desnivel
Cavalcavia di notte
입체교차교의 야경

长安街夜景
Night Scene of Chang'an Avenue
長安街の夜景
Avenue Chang'an, la nuit.
Die Changan-Straße bei Nacht
Vista nocturna de la Calle Chang'an
La via Chang'an di notte
장안거리의 야경

东方广场
Oriental Plaza
東方広場
La place de l'Orient.
Der Dongfang-Platz
Plaza del Oriente
Il Dongfang Plaza
동방광장

王府井
Wangfujing Street
王府井
La rue Wangfujing.
Wangfujing
Calle Wangfujing
Wangfujing
왕부정

图书在版编目(CIP)数据

北京／杨茵，旅舜编. – 北京: 中国民族摄影艺术出版社，2002.4
ISBN 7-80069-360-0/J · 278

Ⅰ．北…　　　Ⅱ．①杨…②旅…　　　Ⅲ．名胜古迹 – 北京 – 画册
Ⅳ．K928．701-64

中国版本图书馆 CIP 数据核字(2002)第 013311 号

策　　划:	旅　舜
主　　编:	杨　茵
责任编辑:	鲁宝春
撰　　稿:	武冀平
摄　　影:	张肇基　杨　茵　王文波　姜景余
	刘思敏　张永龄　陆　岩　陆　岗
	赵德春　李　江　王　毅　朱　力
	卞志武　武冀平　王钟虎　赵　凯
设　　计:	良　骥
电脑制作:	刘　彬

中国民族摄影艺术出版社　出版
开本: 787 × 1092mm　1/12
印张: 8　　印数: 5000
2002 年 4 月第一版第一次印刷
书号: ~~1043~~ 7-80069-360-0/J · 278

¥70.00

发行电话　018834